中国城镇化

——历史借鉴、国际融合与本土实践

罗高波　著

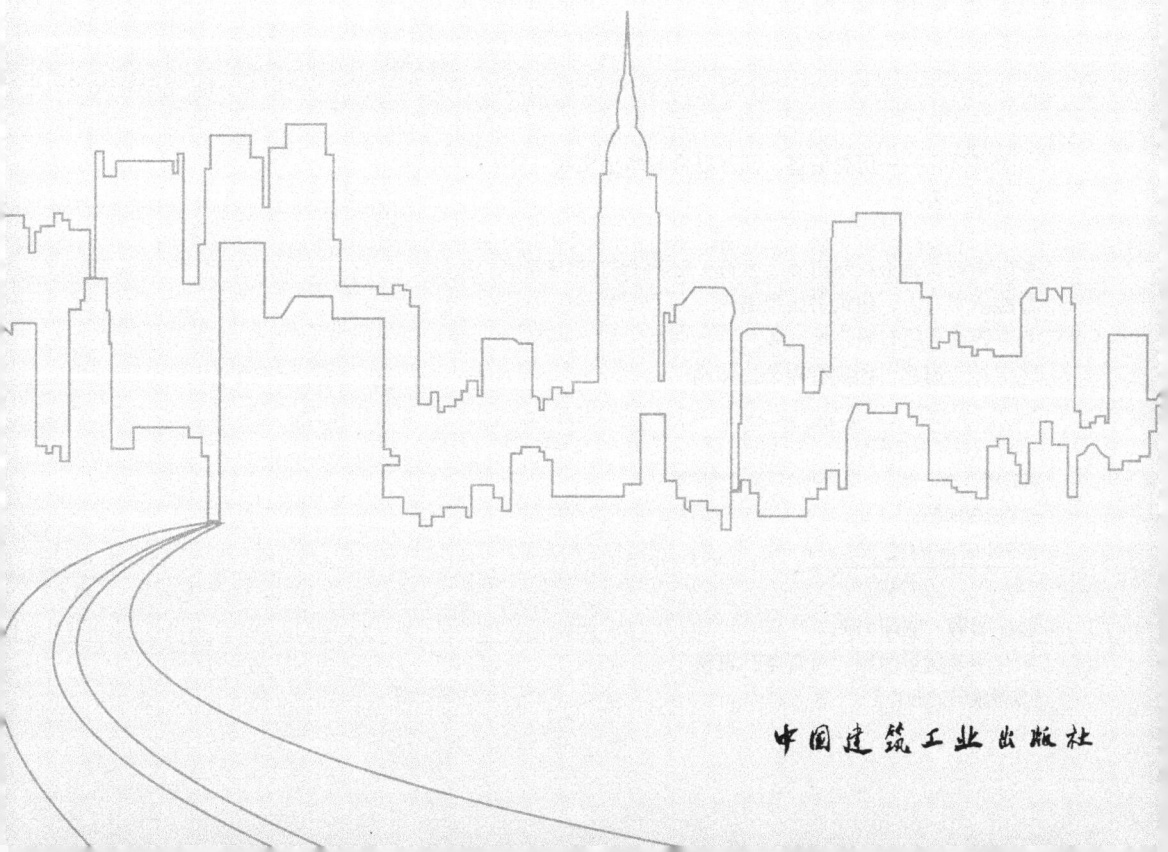

中国建筑工业出版社

图书在版编目（CIP）数据

中国城镇化——历史借鉴、国际融合与本土实践／罗高波著. —北京：中国建筑工业出版社，2017.1（2025.4重印）
ISBN 978-7-112-20340-6

Ⅰ.①中… Ⅱ.①罗… Ⅲ.①城市化－研究－中国 Ⅳ.①F299.21

中国版本图书馆CIP数据核字（2017）第008203号

　　本书以历史、现实和发展的眼光，分析了世界城镇化发展历程中"集聚、分散、融合"的普遍规律，针对性选择新加坡、德国、后来居上的美国西部和历史上的美国分别作为大城市、发达地区城市群、欠发达地区、国家样本借鉴对象，结合中国国情，扬弃发展，提出具有可持续性的"又好又大"的中国新型城镇化发展模式。

　　创新性提出选择性、分区域、分阶段实行房地产增值税，在发展中形成中国城镇化可持续发展资金来源，以及缓解贫富差距和抑制区域房价非理性上涨，一石三鸟，由"土地财政"向"税收财政"渐进式过渡，并最终转化为"房地产民生"的战略构想。

　　本书可作为各级政府、研究机构及大专院校相关研究人员的专业参考，同时对于大型企业集团和房地产公司的战略规划和区域拓展也具有参考价值。

责任编辑：尚春明　赵晓菲　朱晓瑜
责任校对：李美娜　李欣慰

中国城镇化——历史借鉴、国际融合与本土实践
罗高波　著
*
中国建筑工业出版社出版、发行（北京海淀三里河路9号）
各地新华书店、建筑书店经销
北京锋尚制版有限公司制版
建工社（河北）印刷有限公司印刷
*
开本：787×1092毫米　1/16　印张：10¼　字数：137千字
2017年1月第一版　2025年4月第二次印刷
定价：36.00元
ISBN 978-7-112-20340-6
　　　（29739）

21 世纪对世界经济发展影响最大的两件事

- **美国高科技**
- **中国城镇化**

——约瑟夫·斯蒂格利茨
2001 年诺贝尔经济学奖获得者
前世界银行首席经济学家
克林顿总统经济顾问委员会主席

21世纪是城市的世纪。城镇化，已成为社会蝶变的助推器及经济前行的引擎。纵观世界城镇化发展历程，由于理念不同或路径差异，许多国家在城镇化发展的过程中走过不少弯路，甚至为之付出沉重的代价。因此，系统地考察发达国家城镇化的理论与实践，并借鉴吸收其理念、经验乃至教训，对于正在经历快速城镇化进程的广大发展中国家而言，无疑具有重要的现实意义。而城镇化这一课题，也值得每一位城镇化理论研究者、政策制定者和社会实践者共同为之审慎面对。

罗高波先生是我在美国南加州大学（University of Southern California）政策、规划与发展学院任教时的助理研究员。南加州大学是美国城市发展研究的主要学术研究中心之一，主导和设计了以洛杉矶为代表的一系列美国城市郊区化发展模式。早在求学期间，他就表现出对美国城市发展和城镇化研究的浓厚兴趣。2013年初，他专程前来新加坡与我探讨其正在研究的中国城镇化课题，并对新加坡的城市规划和城镇化发展进行了深入考察和研究。数月后，我们在深圳再次见面，又共同就本书的初稿进行了反复讨论和深入交流。我当时建议：这本书不仅要学习和借鉴西方发达国家所取得的先进经验，更要注重融会贯通且洋为中用，总结出具有普遍性的发展规律，探索出富于现实性的发展路径。此举将不仅对现阶段中国城镇化具有现实的借鉴意义和应用价值，更可以为广大发展中国家城镇化的可持续发展模式提供理论体系和实践模式。此次看到终稿，我欣喜地发现他已结合自身实践，在这一方面做出有益探索，对于他初步实现预定目标，我甚感欣慰。

本书在融合罗高波先生在美国南加州大学学习与研究成果以及随后在中国工作实践的基础之上，对中国城镇化理论与实践进行了全面总结和多维思考。本书基于理论基础、国际经验以及中国现实，对中国城镇化道路进行了深度探索，提出了许多既有前瞻性又符合中国国情的大胆构想，对中国城镇化理论研究和实践指导均具有重要的参考价值。

首先，本书以史为鉴，放眼国际，视野开阔。作者具有在海外留学和研究背景，理论基础扎实严谨，对世界各国城镇化发展广泛关注并深入研究。与仅以中国国内为视角的其他研究不同，作者独辟蹊径，选择国际先进的理论和模式作为突破口，探讨中国不同地区的城镇化发展模式和方法，有针对性地为其匹配一个现实的、可供选择的最佳比较对象及发展模式。本书博古通今中西合璧，虽旁征博引西方国家先进经验、原则和方法，却又不拘囿于此，继而更加注重溯本求源，从时间和空间维度，就中国各地区城镇化的发展模式与国际城镇化的成功模式进行对比和探讨，批判性借鉴，选择性融合，扬弃发展，提出适合中国国情的城镇化发展理论体系和实践方法，具有更强的现实启示和借鉴意义。

其次，全书逻辑清晰，契合国情分析透彻。作者以历史、现实和发展的眼光，深入分析新加坡、德国和美国城镇化发展历程及其经验和不足，归纳总结了世界城镇化发展的一般性规律。在此基础上，作者结合中国经济和城镇化发展现状，并尊重不同地区要素禀赋差异性，提出以"和谐最优化"为中国城镇化发展原则。具体而言，作者针对性地提出：新加坡作为"好"的高密度城市城镇化发展模式标杆，将是中国一线高密度城市城镇化发展模式的学习对象；美国作为"大"的城镇化发展模式标杆，将是中国国家层面的扬弃借鉴对象，其中后来居上的美国西部将是地域广博的中西部地区城镇化发展模式的学习对象；德国作为"又好又大"的区域城市群城镇化发展模式标杆，将是中国沿海发达地区城市群城镇化发展模式的学习对象。此外，作者还对区域发展模式和产业发展模式等展开深入地探讨，将历史借鉴、国际融合和本土实践相结合，扬弃发展，实践探索"又好又大"的中国新型城镇化。

最后，本书观点新颖，大胆构思，客观求证。在整个研究过程中，作者尊重经济规律，坚持实事求是、独立思考并理性分析现状；研究方法独辟蹊径，观点新颖独特。同时，作者在理论与实践充分结合的基础上，创新性地指出"选择性、分区域、分阶段"实行房地产增值税可形成中国城镇化可持续发展的资金来源。理论上，该构想富有创新和战略意义，并且具有必要性、可行性和实用性。此外，该设想并非局限于房价调控等环节，而是试图通过均衡合理的税收体系改革，从根源上解决中国房地产结构性失衡的问题，继而逐步实现从"土地财政"向"房地产民生"的转变。因此，期望此构想能够引起政府部门重视并进入决策议程，同时抛砖引玉，期待与各界同仁广泛讨论并日臻完善。

中国城镇化不仅是一项庞大而复杂的系统工程，而且也体现为一系列紧迫而又长期存在的经济社会发展突出问题。本书通过"历史借鉴、国际融合和本土实践"相结合的研究方法，对世界城镇化发展历程中的普遍性规律进行总结，吸收学习对象所取得的理论和方法，取其精华，去其糟粕，扬弃发展，探索具有中国特色的"又好又大"新型城镇化。全书反映出罗高波先生在理论和实践层面对中国新型城镇化所进行的不断探索和思考，难能可贵。期待本书的出版能够激发更多理论研究者、政策制定者和社会实践者参与中国城镇化问题的理论和实证研究。

邓永恒

2016年10月于新加坡

（邓永恒：新加坡国立大学教务长讲席教授、房地产研究院院长兼房地产系主任。曾任聘于美国南加州大学政策、规划与发展学院终身教授，美国房地产和城市经济学会第50任主席，世界经济论坛《达沃斯论坛》全球事务理事会房地产分会主席）

序二

　　诺贝尔经济学奖得主、美国经济学家约瑟夫·斯蒂格利茨断言，21世纪对世界影响最大的两件事：一是美国高科技，二是中国城镇化。研究中国城镇化，一定要借鉴国际上的发展规律，跟我们发展历史阶段相同的时候，他们当时是什么状况，如何解决相关问题。他们的昨天是我们的今天，他们的今天很可能是我们的明天。

　　此次，我欣喜地看到罗高波先生的书稿《中国城镇化——历史借鉴、国际融合与本土实践》。作者充分利用自身国际化视野开阔的优势，以国际领先的理论和模式为突破口，针对中国城镇化这一课题，对国务院发展研究中心《中国城镇化：前景、战略与政策》有关研究成果，从国际对比和历史借鉴角度，进行了验证和补充，前瞻性地回答了"人往哪里走"的问题，同时对"钱从哪里来"提出了创新性的战略构想，继承和创新相统一，堪称其"国际版姊妹篇"。

　　作者通过美国城镇化发展历程总结出"集聚、分散、融合"的城镇化发展普遍规律，同时，以史为鉴，对美国1920年和中国2011年城镇化率首次达到50%发展临界点进行针对性对比分析，两者现状和矛盾表现形式都非常相似，对今日中国城镇化具有现实可比性和借鉴价值。而美国城镇化随后发生的人口从大城市向郊区迁移并最终融合形成大都市圈的发展历程，通过产业迁移带动人口迁移，通过特色产业的均衡分布促进人口均衡分布，逐步实现全国区域均衡发展的发展历程，前瞻性地回答了"人往哪里走"的问题，对今日中国城镇化具有现实的参考价值和借鉴意义。

针对中国区域发展不平衡和城乡差距大的现状，作者以"和谐最优化"为城镇化发展原则，以经济发展和城镇化发展水平为基础，将国际对比和历史借鉴相结合，建议对中国大城市和发达地区构建以城市群为城镇化主体形态、大中小城市和小城镇协调发展的模式，该结论与国务院发展研究中心《中国城镇化：前景、战略与政策》的研究成果相辅相成，从国际对比的不同角度验证了该理论，并具体提出了以新加坡和德国分别作为中国大城市和发达地区城市群的借鉴标杆。

同时，作者对中西部欠发达地区提出了富有前瞻性的战略构想。建议针对经济落后但拥有后发优势的特点，以加州为代表的后来居上的美国西部为借鉴对象，大力拓展新兴产业，大城市优先发展，将欠发达地区转化为新兴地区的跨越式发展思路。此外，建议以历史上的美国改进版为国家样本，扬弃发展，以产业化带动城镇化，以产业迁移带动人口迁移，以特色产业的均衡分布促进人口均衡分布，由"渐进式不均衡发展"逐步实现均衡发展，解决区域发展不平衡问题。

本书的另一贡献是对中国城镇化可持续资金来源的创新构想。城镇化不等于房地产，但城镇化也离不开房地产，事实上，房地产已发展成为中国最大的实体经济和最大的虚拟经济混合体。作者抓住中国房地产结构性失衡的主要矛盾，提出选择性、分区域、分阶段渐进式实行房地产增值税的创新构想，在发展中实现中国新型城镇化可持续资金来源，同时缓解贫富差距和抑制区域房价非理性上涨。作者通过对中美两国在城镇化发展阶段、土地所有权属以及房地产税收分配机制的对比分析，创新性提出根据经济发展和城镇化不同发展阶段分别由"土地出让金—

房地产增值税—房产税"三种不同类型房地产收益为主体构成中国城镇化可持续发展资金来源，渐进式实现由"土地财政"向"房地产税收财政"转换的发展思路，逻辑清晰，符合常识和经济规律，富有创新性、实用性和可行性。在发展中实现软着陆和可持续发展的前瞻性设想，不仅创新性地回答了中国城镇化"钱从哪里来"的问题，而且进一步提出了将"土地财政"逐步转化为"房地产民生"的战略构想，具有深远的现实意义。

本书是罗高波先生基于国际先进的理论体系和历史经验，结合自身海外学习经历和中国实践，对中国城镇化理论和实践的系统思考和全面总结，尤其在国际视野和以史为鉴方面，具有创新和突破。作者通过国际对比和历史借鉴相结合，不仅前瞻性地回答了处于发展临界点的中国城镇化"人往哪里走"的现实问题，而且对"钱从哪里来"提出了具有可行性的创新构想，具有深远的现实意义和战略价值，值得政府机构、理论工作者和实践参与者深入研究和探讨，共同大力推进中国新型城镇化。

是为序。

CFA
张虎跃
董事总经理
黑石集团（香港）有限公司
2016年11月于香港

前言

　　城镇化是一个国家现代化的重要内容，既是发展的手段，也是发展的目的。党的十八大以后，城镇化上升为国家发展战略，成为中国经济发展的重大推动力，并将深刻影响到政治、经济和文化的方方面面。

　　2011年，中国城镇化率首次突破50%，达到城镇化发展的临界点，城乡差距大和区域发展不平衡成为突出矛盾，与1920年美国城镇化发展临界点时表现非常相似。美国城镇化发展历程中期曾出现的城市郊区化浪潮是否会在中国重演？区域发展不平衡和城乡差距大的矛盾是城镇化发展的必然产物还是可以规避的？处于发展临界点的中国城镇化未来"人往哪里走，地从哪里出，钱从哪里来"……

　　在中国新型城镇化成为国家战略历史背景下，结合当年在美国城镇化研究的大本营——南加州大学（University of Southern California）的学习和研究成果及近年来的工作实践，我开始了对中国城镇化的专题研究。尤为值得感谢的是，在研究过程中得到了我在南加州大学求学时的导师，现新加坡国立大学教务长教授、房地产研究院院长兼房地产系主任邓永恒教授的悉心指导。在阅读完初稿后，建议不要单纯学习和借鉴西方发达国家所取得的先进经验，更要注重融会贯通且洋为中用，总结出具有普遍性的发展规律，探索出富于现实性的发展路径。邓教授将该研究定位进行总结并建议提升为："不仅对现阶段中国城镇化具有现实的借鉴意义和应用价值，更可以为广大发展中国家城镇化的可持续发展模式提供理论体系和实践模式。"为此，我推迟了原定计划，又花费了一年多时间进行深入研究和完善深化，同时在中国城镇化可持续发展资金来源上进行大胆探索，针对性提出选择性、分区域、分阶段实施房地产增值税，渐进式实现"土地财政"向"房地产民生"转化的战略构想，期待抛砖引玉，与各界同仁共同探讨并日臻完善。

除导言和结束语，该书主体结构分为五部分：

第一部分 新加坡 大城市可持续发展学习标杆

系统介绍了新加坡城市发展历程及在城市规划和城镇化发展方面的经验借鉴，实现保持经济发展和环境改善平衡，成功解决大城市城乡差距大等矛盾的可持续发展模式。

第二部分 德国 发达地区城市群可持续发展借鉴标杆

系统介绍了德国注重区域协调发展，大中小城市协调发展的"均衡城镇化"发展模式，以及德国保持经济发展和房价稳定长期平衡的可持续房地产业的经验。

第三部分 历史上的美国 中国城镇化的国家样本和扬弃发展

系统介绍了美国城镇化发展历程及经验和教训，对处于城镇化发展临界点的今日中国与历史上美国城镇化发展相似阶段进行针对性对比分析，提出以历史上的美国改进版为国家样本，扬弃发展，解决区域发展不平衡问题。

第四部分 理性客观认识中国经济和中国城镇化现状

该部分理性客观分析中国经济和中国城镇化发展现状，指出尊重经济规律，正确认识区域发展不平衡和城乡差距大矛盾、人口红利的理性分析及其蕴藏的巨大机遇。

第五部分 历史借鉴，国际融合，本土实践，探索中国新型城镇化该部分系统分析了中国城镇化发展现状和主要问题，深入探讨中国不同区域类型城镇化发展模式。针对性提出了选择性、分区域、分阶段渐进式实行房地产增值税，在发展中实现中国城镇化可持续资金来源，逐步构建"土地出让金—房地产增值税—房产税"三级房地产收益体系的创新构想。在逐步实现土地财政向税收财政过渡的同时，通过加大基础设施投资增值和民生领域循环投资双管齐下，渐进式实现从"土地财政"向"房地产民生"转化的战略构想。

本书的特色和做出的贡献主要在于：

（1）针对中国城镇化的复杂性，细分不同类型城镇化发展区域。

中国拥有13亿人口，超过美国、欧盟、日本、加拿大、澳大利亚、俄罗斯等西方主要发达国家人口总和，而且地区之间发展很不平衡，相当于几个发达国家群、若干个发展中国家群和若干个欠发达国家群的组合。针对中国城镇化的复杂性，根据经济发展水平和城镇化发展水平，将中国划分为不同类型城镇化发展区域，以准确全面反映中国城镇化发展现状。

（2）国际对比和历史借鉴相结合的研究方法。

以"和谐最优化"为城镇化发展原则，国际对比和历史借鉴相融合，从大城市、发达地区城市群、欠发达地区和国家样本四个不同城镇化发展层面，有针对性地寻找匹配的全球最佳比较对象及发展模式，并以史为鉴，追溯至该地区/国家历史上与中国城镇化发展相同阶段的状况及解决方案。同时，不是照搬照抄西方发达国家的经验，而是扬弃发展，注重融会贯通，洋为中用，针对性选择新加坡、德国、后来居上的美国西部和历史上的美国分别作为中国大城市、发达地区城市群、欠发达地区和国家样本的借鉴对象。

（3）打造《中国城镇化：前景、战略与政策》"国际版姊妹篇"。

针对中国城镇化这一课题，对国务院发展研究中心课题组《中国城镇化：前景、战略与政策》有关研究成果，从国际对比和历史借鉴角度，进行了验证和有益补充。针对中国区域发展不平衡和城乡差距大的现状，以经济发展和城镇化发展水平为基础，建议对中国大城市和发达地区构建以城市群为城镇化主体形态，大中小城市和小城镇协调发展的模式，该结论与国务院发展研究中心《中国城镇化：前景、战略与政策》的研究成果相辅相成，从国际对比的不同角度验证了该理论，并具体提出了以新加坡和德国分别作为中国大城市和发达地区城市群的借鉴标杆。

此外，对中西部欠发达地区提出了富有自身特色的设想，建议针对经济落后但拥有后发优势的特点，以后来居上的美国西部为借鉴对象，大力拓展新兴产业，大城市优先发展，将欠发达地区转化为新兴地区的跨越式发展思路。同时，建议以历史上的美国改进版为国家样本，扬弃发展，以产业化带动城镇化，以产业迁移带动人口迁移，以特色产业均衡分布促进人口均衡分布，实现全国范围内的均衡发展的思路，解决区域发展不平衡问题。

（4）对业界一直争论的"以大城市为主导"和"以中小城市为重点"的城镇化模式给出了融合解决方案及其理论依据，且符合逻辑和常识。而上升到哲学层面上，可提炼为以"科学发展观"为指导（根据经济发展和城镇化水平确定不同的发展策略），"与时俱进"为表现形式（规模不够时，聚集发挥集聚效应；规模过大时，分散疏解；然后再在更高的城市群层面融合），"和谐社会"为目的（区域平衡发展，产业均衡分布，房价均衡化，缩小贫富差距）。

（5）对中国城镇化可持续资金来源提出了一个大胆创新的构想：选择性、分区域、分阶段逐步实行房地产增值税，在发展中实现中国新型城镇化可持续资金来源，并结合房地产税制改革逐步构建"土地出让金—房地产增值税—房产税"三级房地产收益体系；在渐进式实现"土地财政"向"税收财政"过渡的同时，通过加大基础设施投资增值和民生领域循环投资双管齐下，逐步将"土地财政"转化为"房地产民生"，促进中国房地产业从"局部非理性繁荣"向"理性均衡的可持续繁荣"的转变，在发展中实现中国房地产软着陆和中国经济健康稳健可持续性发展。

希望通过正式出版课题研究成果，与各界共享，为国内外同行提供参考，并促进相关问题研究的进一步深化。由于研究视角的不同，时间和人士水平的局限性，研究结果挂一漏万之处在所难免，有些观点也许还会引起讨论和争议，但抛砖引玉，只要能促进相关问题的进一步深入研究，就值得欣慰，希望得到读者和同行的指正。

目录

第四章

理性客观认识中国经济和
中国城镇化发展现状 /085

第五章

历史借鉴，国际融合，本
土实践，探索中国新型城
镇化 /099

导言

今日中国，经济总量世界第二，增量全球第一，已具有大国影响力；

今日中国，人均GDP全球第76，尚处于发展中国家行列，还不是一个富国；

今日中国，人口总量占世界总人口的近20%，是全球最大和最有潜力的大市场；

今日中国，区域发展不平衡，城乡差距大，原有低成本发展模式面临严峻挑战；

今日中国，市场经济体制已经初步建立，依然有潜力保持持续高速增长；

今日中国，与"二战"后的德国面临共同的使命，追求区域的平衡发展和共同富裕；

今日中国，城镇化率2011年首次超过50%，城市人口超过农村，城镇化发展面临转折点；

今日中国，贫富差距，环境污染，房价上涨，经济发展不平衡、不协调、不可持续日益凸显；

……

对世界而言，今日中国是一个矛盾的综合体。一方面经济持续高速发展，已成为世界第二大经济体，是一个大国；另一方面人均GDP世界排名第76，国民还不富裕，还不是一个强国；北京，上海等大城市可媲美国际发达城市，西部贫困山区还有众多失学儿童；中国疆域辽阔，人口众多，地理条件和人文环境区域差异明显，地区之间发展很不平衡，城乡之间差距巨大；中国拥有13亿人口，占世界人口总量的近20%，超过美国、欧盟、日本、俄罗斯、加拿大、澳大利亚等世界主要经济体的人口总和。

打个形象的比喻，今日中国相当于几个发达国家以及若干个发展中国家和若干个欠发达国家构成的综合体，而且板块互动：一线城市处于城镇化成熟期，提升优化城市空间、产业升级和服务转型迫在眉睫；二线城市处于城镇化高速发展期，产业集群和城镇化蓬勃发展；三、四线城市处于城镇化初期，工业化和城镇化方兴未艾；广大农村发展滞后，基础设施尚不发达，农业现代化任重道远。中国城镇化的超大规模、丰富层次和显著的地区差异，决定了中国将无法照搬某个特定国家和地区的发展模式，各个地区也无法利用统一的发展模式。

从世界城市发展规律来看，高速城镇化对一个国家、一个民族来说，历史上只有一次机会，抓住机遇，并以最小的代价获得最大的成功，那就是国家的成功，民族的成功，人类的成功。从某种程度上说，规模史无前例、层次极为丰富、复杂程度前所未有的中国城镇化不仅决定中国的未来，也影响着世界的发展进程。

对于西方发达国家的经验和教训，应坚持以历史、现实和发展的眼光，理性分析，客观借鉴和扬弃发展：

- **历史的眼光：**不仅看发达国家的现在，更要看其发展历史，客观理性地分析当时政策和发展过程的利弊，结合中国各地经济和产业发展模式，找到与各地目前相似的历史时期，因地制宜，因时制宜，找准各自历史阶段和差异化定位，取其精华，去其糟粕，理性客观地学习、借鉴和融合。
- **现实的眼光：**中国疆域辽阔，人口众多，地区之间发展水平差距很大，不能与其他国家（尤其中小国家）进行简单的国家对比。从人口和面积看，"亚洲四小龙"中新加坡相当于中国的一个大城市（如上海）；韩国相当于中国沿海一个省（如浙江）；而德国相当于中国一个经济圈（如长江三角洲）；美国与中国国土面积相当，人口众多，且是世界上最发达的国家，具有国家样本可比性。

- **发展的眼光**：西方发达国家的发展过程，是当时历史、经济和产业发展背景下的客观选择。不同历史阶段，有不同发展模式和特点，有成功经验，也有失败教训；不同产业对城市发展模式也不尽相同，如金融产业需要集聚（纽约），国防和高科技产业分散扩展更适宜（洛杉矶），忌盲目崇拜，生搬硬套。

总体而言，新加坡与中国大城市人口规模、人口密度和文化习俗具有可比性，其"不仅专业，而且富有远见"的城市规划理念和保持经济发展和环境改善平衡的大都市发展模式有潜力成为国内大城市学习标杆，解决大城市城乡差距大的矛盾。德国国土面积、人口总量和人口密度与中国发达地区城市群具有可比性，其大中小城市和小城镇协调发展，保持经济增长、环境保护和房价稳定的大都市圈城市群均衡发展模式，具有可持续性，值得中国发达地区城市群学习和借鉴，解决大都市圈内城乡差距大和区域发展不平衡的矛盾。美国与中国国土面积相似，人口众多，其城市发展所经历的"集聚、分散、融合"三个阶段和区域发展所经历的"先东北部，再中西部，最后西部和南部"的历程，历史上以加州为代表的美国西部欠发达地区利用后发优势，后来居上，成功解决区域发展不平衡的经验值得广大中西部欠发达地区学习借鉴；历史上的美国结合各地区要素禀赋和比较优势，以产业分区实现区域经济均衡发展，以产业发展带动人口迁移，通过阶段性区域不平衡发展最终实现全国范围内的区域经济均衡发展和人口均衡分布，与今日中国具有国家样本可比性，对解决国家层面区域发展不平衡矛盾具有借鉴意义。

以"和谐最优化"为城镇化发展原则，通过历史借鉴，国际融合，结合中国国情，融合新加坡作为城市标杆的"好"，德国作为发达地区城市群的又"好"又"大"和美国作为国家样本的"大"，同时规避新加坡"不够大"和美国"不足够好"的不足，取其精华，去其糟粕，"以新加坡为大城市学习榜样，以德国为发达地区城市群借鉴标杆，以后来居上的美国西部为中西部欠发达地区学习对象，以历史上的美国改进版为国家样本"，因地制宜，因时制宜，扬弃发展，对中国大城市、发达地区城市带、中西部欠发达地区和潜在新兴地区等处于不同城市发展阶段的城镇化发展模式分别提出针对性策略和借鉴对象。尊重经济规律，结合中国具体国情和各地区要素禀赋，灵活借鉴国际先进经验并规避教训，取其精华，去其糟粕，融合探索"该大则大，该小则小，该融则融，有大有小有群，城市和乡村融合共生，大中小城市和小城镇协调发展"（附注1）的"又好又大"可持续城镇化发展模式在世界上人口最多的发展中国家——中国的具体实践，不仅对现阶段中国城镇化现实的借鉴意义和应用价值，更可以为广大发展中国家城镇化的可持续发展模式提供理论体系和实践模式。

附注1

- 该大则大：大城市优先发展，例如城镇化水平和人口密度不高的西部欠发达地区。
- 该小则小：重点发展中小城市，例如城镇化水平较高的特大城市周边和沿海发达地区城市群之间。
- 该融则融：城市群/大都市区之间的城市融合，例如经济较发达且有潜力形成城市群/大都市区的地区。
- 有大有小有群：因地制宜，因时制宜，大中小城市和城市群协调发展，互为补充，互相促进。
- 城市和乡村融合共生：城市和乡村有机结合，优势互补，缩小城乡差距，争取实现城乡一体化。
- 大中小城市和小城镇协调发展：包括全国和地区范围两个层次：
  ① 全国范围内不同地区不同类型城市优先发展战略；
  ② 某一地区范围内大中小城市和小城镇的协调发展。

第一章

新加坡　大城市可持续发展学习标杆

新加坡是东南亚的一个岛国，2015年国土面积为719.1km^2，人口为554万，是世界上人口密度最高的城市之一，也是全球最为富裕和生活水平最高的城市之一（图1-1）。新加坡本是一个土地狭窄、资源匮乏的小岛，但其秉承"不仅专业，而且富有远见"的城市规划原则，通过明智的土地使用规划和卓越的城市设计，成功实现了保持经济增长和环境改善的平衡。

在城市建设方面，环境优美，整洁有序，"花园城市"之美称享誉世界；在交通方面，地铁、城铁、公共汽车、高速公路等便捷的公共交通网贯穿城市的每个角落，是全球罕有的"不堵车的大都市"；在历史古迹保护方面，不仅保护单个建筑，而且创造性实现了对历史文化区的整体性保护，发展和保护融合共生；在住房建设方面，"居者有其屋计划"惠及全民，老百姓居有其所，安居乐业，成为世界公认的最适宜居住的

图1-1 新加坡鸟瞰图一

宜居城市之一；产业发展方面，服务业和工业均衡发展，市中心和新城镇珠联璧合，实现了经济增长和环境改善的可持续平衡。

一、新加坡城市发展历程

新加坡城市发展历程和城市规划经验借鉴见表1-1。

新加坡城市发展历程和城市规划经验借鉴　　　　表1-1

年代	发展主题	特点	借鉴
20世纪50~60年代早期	一个令人窒息的时代	1. 过度拥挤，住房短缺和糟糕的生活条件在城市中心随处可见；2. 1/4的居民挤在岛上1%的地区；3. 失业频繁使成千上万人无家可归，犯罪行为猖獗	1. 典型的传统大城市病，并且问题严重；2. 区域发展不平衡，人口分布不合理；3. 城市发展起点低，问题严重
20世纪60年代	居者有其屋	1. 1965年获得独立；2. 新政府面临最紧迫任务：失业，提高生活质量和解决拥挤问题；3. 实施"居者有其屋计划"，市中心和新市镇错位发展，互为补充	设立专门机构：1. 建屋发展局负责住房供给和城市更新工作；2. 经济发展局：负责经济发展和产业结构调整
20世纪70年代	建设现代化基础设施	1. 在联合国帮助下，1971年高标准制定了总体规划；2. 大规模修建基础设施和环境改善治理；3. 以地铁、城铁等公共轨道交通为主导实现"去中心化"；4. 将现有设施最大化利用，同时保留充足的娱乐休闲、绿化和发展用地，为可持续性发展打下基础	1. 规划先行：制定了第一个概要性规划，强调有品质的住房，便捷的交通，可持续增长和为所有人服务；2. 规划不仅处理现实问题，而且富有远见；3. 以公共轨道交通为主导实现"去中心化"；4. 规划不要一次将城市画满，要留有发展空间，让区域自然生长

年代	发展主题	特点	借鉴
20世纪80年代	提供优质生活环境	1. 时代标志：成熟老城区—市中心的更新和改造；2. 在南部兴建金融商业中心区—滨海湾；3. 对历史文化区进行整体性保护和更新，发展与保护融融合共生，3. 现代化中心区和老城区传统文化，历史建筑和文化环境有机融合，共同形成有序城市天际线	1. 制定老城区综合性长期发展规划：开发、更新与保护有机融合；2. 颁布专项历史文化区保护性规划，不仅保护单体建筑，而是整体保护富有建筑特色的老街区和传统历史文化区，如中国城、小印度、甘榜格南、新加坡河畔等
20世纪90年代	更多住房和工作选择	1. 制定新的"1991年总体规划"，关注点转换为提供优质生活环境，强调品质，身份和多元化；2. 有序和重点开发提升外围区域中心，实现区域居住和办公平衡，大力发展高科技和信息产业；3. 活化古建筑：将标志性历史建筑转变为现代使用功能，传统与现代完美结合	1. 及时更新制定新的总体规划，保持规划的时效性和领先性；2. 新区和老区融合共生：创造性将历史建筑转换为现代使用功能，"老"为"新"用，继续刺激增长；3. 更关注如何将新加坡发展成为一个有别于西方，具有自身特质的发达城市
21世纪	成为一个优质生活、工作和娱乐的卓越城市	1. 制定"2001年总体规划"，以550万人未来50年生活为目标，将新加坡发展成为21世纪欣欣向荣的世界级城市；2. 规划建议：城市成熟地区的更新和改造，高层景观城市生活，更多休闲娱乐，商业更具灵活性，设立全球商业中心，建设广泛的铁路网络和聚焦身份认同	1. 保持规划领先和富有远见；2. 强化优势产业：集中主要的金融和服务部门打造一个全球金融中心；3. 大幅提高公共轨道交通以完善交通体系；4. 关注身份认同：更多地将传统和标志性建筑加以保护提高地区特征，将有重要影响的地标，自然特征和新城镇开发融为一体

二、新加坡城市规划和发展经验学习借鉴

　　仅仅40余年，成功地将一个市中心拥挤不堪、住房短缺、基础设施

严重缺乏的城市改造成为一个环境优美、充满活力、繁荣兴旺的国际商业中心，新加坡"不仅专业，而且富有远见"的城市规划理念，保持经济增长和环境改善平衡的发展模式对于大城市可持续发展具有借鉴意义。

1. 规划先行：不仅专业，而且富有远见

新加坡的成功并非偶然，而是一系列精心策划的积极且富有远见的城市规划和阶段性重点有序建设的结果。

（1）1958年，诞生了第一个总体规划，针对性解决中心城区拥挤不堪、居住环境糟糕和基础设施严重匮乏的城市问题。该规划强调要通过土地规划来实现合理的土地利用，标志着全方位持续改造时代的到来。

（2）1971年，第一个概念规划在联合国的帮助下，得以高起点、高标准地顺利完成，并指导长期的城市开发。1971概念规划首先用于指导城市基础设施的开发，促进经济增长，满足住房需求以及人们的基本社会需要，并以公共交通为主导实施"去中心化"。

（3）1991年，原概念规划的基础设施基本完成，关注点转为为400万人提供优质生活环境，强调品质、身份和多元化，并由此诞生了新的概念规划。1991概念规划追求经济发展和环境保护的平衡，有序营建区域中心。

（4）2001年，最新的概念规划的愿景是将新加坡发展为21世纪欣欣向荣的城市。其主要的建议包括：空中城市景观生活，打造环球商业中心，广泛的铁路网络，提供更多康乐设施，提供灵活性的营商环境和注重对本土身份的认同，将新加坡打造成为独特的、宜人的热带城市。

新加坡的城市规划原则是：不仅解决城市面临的现存问题，而且预见到未来城市发展，以及可能出现的问题并预留解决方案；同时，随着

经济和城市发展保持更新，与时俱进。从20世纪60年代开始，政府制定总体规划，每十年一个主题：从"居者有其屋"、"建设现代化基础设施"、"提供优质生活环境"、"更多住房和工作选择"，到"成为一个工作、生活和娱乐的卓越城市"；从满足基本需求、提供品质生活，到追求卓越生活，按照规划分阶段分重点有序实施，目前正稳步从"花园城市"向"花园里的城市"的新愿景前进。

2. 自然开发模式：不要一次将规划画满，让区域自然生长，建筑与环境融为一体

新加坡的规划和开发非常注重自然生长，绿地开敞空间系统与河流水体有机联系，将自然环境引入城市空间，整个城市实际上是生长在一个森林公园中的。好的规划不是一次画满，而是留有余地，让区域自然生长，区域在自然生长中才能充分体现其价值（图1-2）。

图1-2 新加坡滨海湾花园

中国城镇化——历史借鉴、国际融合与本土实践

清晰全面的规划和设计方案合并成为投标者的竞标条件，竞标并非简单的价高者得，设计方案非常重要。突出的设计赋予开发者竞争优势，尽管价格并非最高，依然可以获得土地。土地出让程序保证开发商必须在产品设计质量上竞争，以保证建造高品质建筑物，并营造一道美丽的城市风景。

在市中心，项目必须符合实现美丽都市风景的城市规划目的。如果为了改善销售地点周围的整体环境，开发商还需要提供宽大的景观和广场空间。适当的时候，建筑物将让出边界线以保护开发区周围的宜人环境。

在郊区，功能区和新市镇之间留有空间，使城市自然生长，保持可成长性。沿着中央水湖流域环形开发了一系列新的高密度卫星城镇，每一个城镇由绿色空间和一系列公园和公共空间隔开；低密度和中密度的私人住宅建在这些城镇的旁边，并为工业园区预留土地。

3. 交通建设：以公共轨道交通为主导，打造"不堵车的大都市"

20世纪50年代末，新加坡的城市问题已到了难以忍受的地步。1/4的人口挤在岛上1/100的南部地区，市中心极度拥挤，满是贫民窟。20世纪60年代新加坡开始实施"居者有其屋计划"，通过地铁和轻轨等轨道交通为主导，建立几条"城市走廊"，将中心区居住人口和工业人口从南部中心向全岛疏散，实现"去中心化"有序疏导；同时结合卫星城镇和交通枢纽的开发，营造区域中心，通过商业和服务设施来吸引人流，部分卫星城镇还在区域交通枢纽通过内部支线轨道交通将人流各个方向离散。

新加坡解决城市拥堵问题的主要措施包括：

（1）以城铁、地铁等公共轨道交通为主导，尽可能同站台换乘；

（2）在综合交通枢纽内实现城市轨道交通与支线轻轨、公交、出租车的无缝对接；

（3）城市中心大多采用单车道，减少人车交叉，提高交通流速度；

（4）建立电子道路收费系统，对繁忙时间进入市中心的车辆按次收费；

（5）市中心高峰时段收取高额停车费，鼓励错峰出行和使用公共交通；

（6）限制私家车发展，增加车牌拍卖费和私家车使用成本，鼓励使用公共交通。

新加坡通过地铁、轻轨和普通公路、快速公路的无缝连接，实现了有效的四级交通体系。所有城市快速和干道入网都向中心城区和商业中心集中，所有主次干道都长线连贯；城市中心道路大多都是单行道，设置人行天桥，减少人车交叉，极大地提高了交通流的速度；政府扶持轨道交通和公交系统无缝连接，并且对私家车进行制约，对道路交通合理设置，更多地关注民生问题。

以公共轨道交通为主导的城市综合交通体系，既规避了中心区的过度拥堵，又规避美国城市郊区化中因过分依赖小汽车而出现的中心区衰落的问题，实现了交通的可持续性发展，很好地改善了城市的居住和交通环境，使新加坡成为全球罕见的"不堵车的大都市"。

4. 文化保护：设立专项保护规划，对历史文化街区进行整体性保护

新加坡在文化保护方面发展相对较迟。直至20世纪80年代，新加坡才把保护历史文化列为国家政策重要事项。但新加坡认识到，单靠保护古迹本身并不足以建设一个具有独特文化和个性的城市，因此需要对具备源远流长的历史，建筑风格和文化气氛的整个地区加以保留，使城市保持活力和凸显独特性。

1980年，市区重建局为中心区制定了一项综合性长期规划，首先规划将新加坡南部回收过来的690公顷土地开发成为集酒店、购物、办公、

住宅和休闲于一体的城市综合区——滨海湾。随后，结合对紧邻的唐人街（牛车水）和新加坡河畔历史文化区的保护，市区重建局专门制定了新的城市总体规划，创造了城市天际线的有序转变及将老城区历史建筑和文化遗产交织在一起的令人印象深刻的环境。

1986年政府颁布保护建筑物计划总纲，1989年制定了《市区重建局法令》，制定专项法律对历史文化街区进行整体性保护。唐人街、小印度、回教文化区（阿拉伯街）、新加坡河驳船码头和克拉码头等传统历史文化区，诸多历史建筑及蕴含丰富历史文化的特色住宅区被纳入整体保护状态。这些地区的历史建筑物和街区被完整地保留下来，不得进行任何改动，但可改作商业用途。今日，位处新加坡河河畔的克拉码头，已由原来繁忙的货物起卸岸及贸易中心发展成为拥有200余家商店、餐厅、酒吧和娱乐的综合性休闲场所；驳船码头和克拉码头的下游，旧时的仓库改头换面，华丽转身，成为在市区沿河地区至少有35家风格各异的酒吧和餐厅的最具吸引力的娱乐场所之一（图1-3）。

图1-3 新加坡河畔历史文化街区

新加坡将历史文化街区和古建筑保护纳入国家概念规划，至今已设立超过90个保护区，原则是"尽量维持原状，细意修复及小心修葺"，即以保为主，以修为辅，杜绝大拆大建。对于古建筑采取活化、新旧相融、公私合营等形式进行保护性提升，在发展的同时，让古建筑的生命得到发扬，文化魅力得到光大。其中典型案例包括赞美广场，中国广场中心，原人力车站等。通过对历史文化区的整体性保护和有目的地将具有浓厚殖民地色彩的标志性建筑改造为酒店和博物馆等现代功能，新加坡实现了城市中心区发展和文化保护的平衡，高楼大厦和传统街区和谐共生，现代和传统融为一体，西方和东方交相辉映，打造了华人文化、马来文化、印度文化多元民族和谐共存的多彩城市生活和卓越城市休闲生活环境。

对历史文化区进行整体性保护是新加坡对文化保护和经济发展矛盾冲突的创造性解决思路，对于正处于经济高速发展，面临大量拆迁改造又拥有丰富文化传承的中国具有很好借鉴意义，尤其对于历史文化古迹丰富的城市，如北京、西安等。通过对历史文化区的整体性保护和历史文化建筑的活化利用，不仅能完整地保存历史传统文化，而且通过功能提升、更新改造成为特殊风格的独立观光区，创造新的繁荣；同时规避了大城市改造中普遍存在的大拆大建，极大地降低了拆迁成本和社会矛盾，有效缓解城市密度和交通拥挤，创造一个疏密有致的城市中心区，现代与传统融为一体，发展和保护融合共生，共同构筑丰富有序的城市天际线。

5. 住房建设：低端有保障，高端靠市场

新加坡"居者有其屋计划"全球瞩目，推动了建筑和城市建设的快速发展，促进了城市功能分区的优化调整，并促进了新加坡中产阶级的

形成和壮大。1970年，新加坡组屋覆盖人口的35%。随着经济和社会发展，新加坡组屋覆盖面越来越广，1985年组屋覆盖人口已达到81%，覆盖除了富人以外的所有社会成员；随着时代的发展组屋建得越来越美观漂亮，面积也从仅仅满足居住功能向宽敞舒适发展，功能性质逐渐升级。组屋已从最初为中低收入者提供保障性住房性质逐步发展成为全民性质的住房，发展成为一种让老百姓分享经济成长和资产增值的有效手段，成为奠定国家稳定和发展的基石。目前，超过80%的新加坡人居住在全岛23个新城镇内的政府组屋，其中超过90%的市民拥有了自己的组屋，其余的居住在租赁组屋内。

新加坡的组屋覆盖面和标准远远超过一般国家的保障房概念，保证几乎所有老百姓都能够买得起较舒适的住宅，同时严格执行"每户家庭只能拥有一套组屋"的基本原则，在组屋的申请、租赁和退出各环节严格管理，成为新加坡建立全民"有产社会"的基础。组屋由建屋局按居住小区规划进行设计，统一组织建设，合理控制价格，建设质量标准高，分配覆盖人群广。在各居住小区内设有齐全的公共服务设施，小区也为居民设立娱乐、休息和社会活动场所，统一规范管理。新加坡组屋并不狭小，相反还比较宽敞舒适，组屋以70~80m²的"三房式"（相当于国内2室1厅），90~100m²的四房式（相当于国内3室1厅），100~120m²的五房式（相当于国内3室2厅）为主，满足市民基本生活需求，但没有会所等豪华配套设施。

新加坡"居住有其屋"的公共住房政策使市民基本不用为住房问题而烦恼，实现了"基本有保障，高端靠市场"的住房市场格局。对于高端需求，则主要通过市场解决。城市规划时，大量优质土地被预留并用于私人住宅或公寓的建设，尤其是一些风景优美和地段优越的地块，如海边、河畔、毗邻公园或娱乐区等地块，大都被规划用于私人住宅，以获得土地价值利用最大化。私人住宅最多的是私人公寓，价格一般是组屋的3倍以上，还有少部分的排屋或独栋别墅，价格更贵。

6. 产业发展：功能分区实现土地利用最优化，差异化政策实现产业均衡发展

（1）市中心和新城镇：功能分区，错位发展，共创繁荣

1964年，新加坡政府宣布实施"居者有其屋计划"。通过公共住房政策，将市中心的居民人口和工业人口很快转移至新城镇，成功地解决了市中心的贫民窟和交通拥挤问题。同时，市中心全面提升基础设施建设，主要用于店铺、办公楼、百货商场、宾馆以及高层豪华公寓的开发，土地价值得到充分利用。通过城市复兴计划，市中心逐渐成为了一个国际金融、商业和旅游中心，实现土地价值最大化；而新城镇则主要承担居住功能，规划产业配套并有序发展区域中心，实现区域内居住和办公的平衡，减少通勤时间，中心区与新城镇错位发展，珠联璧合，交相辉映，共同繁荣。

（2）工业用地差异化政策，实现产业均衡发展

新加坡80％的工业用地都集中在政府工贸部所设立的裕廊工业园内，政府处于垄断地位。裕廊工业园面积约70km²，包含了8000多家跨国公司和本地的高技术制造业公司，对GDP的直接贡献率为26％左右，雇佣了全国1/3以上的劳动力。裕廊工业园以石化、修造船、工程机械、一般制造业、物流等为主导产业，形成完整的产业链。新加坡政府对于整体经济发展具有长远眼光和全局意识，对政府重点支持产业提供很低的租金和优惠措施，以保证和扶持重点产业的发展，由此造就新加坡非常繁荣的制造业。根据调查，新加坡不仅是全球第五大国际金融中心，世界第二大港口，同时工业也是新加坡经济发展的主导力量，迄今已成为全球第三大炼油中心，东南亚最大的修造船基地和世界电子工业中心

之一，产业结构均衡合理，具有可持续性。在一个城市内部实现产业的均衡发展非常困难，在某种程度上说，新加坡创造了奇迹。

7. 和谐拆迁：依法治国，依法行政，和谐解决拆迁难题

20世纪60年代初，新加坡市中心由于大量分散的土地是私人所有，极大阻碍了城市的快速全面开发和城市复兴。基于"国家利益优于个人利益，经济发展优于人权保障"的国家治理观，新加坡于1966年制定了《土地征用法》，"授权政府为兴建公共房屋或实施其他发展计划而强制征用私人土地"的权利，规定政府如需土地作公共或公益事务发展，只需经过合理程序，便可以将任何私有土地的业权收归国有。土地征收基本法理是：基于公共利益征收私人土地，不应给国家带来不适当的财政负担；社会发展成就不应让个人独享，而应由全体公民共享；在立法设计上应尽量避免"法之不善"引发的土地投机行为和私人暴富现象。

新加坡历来反对西方的高福利制度，强调"人人自食其力"的分配原则于市场竞争力的重要性，同时主张国家应在"住房、教育、医疗"等基本民生领域确保绝大多数新加坡公民能够享受经济发展的成果。在土地补偿问题上，新加坡的原则是"绝不允许社会出现富可敌国的大亨，以免其挟持政府，更不能因为公共资源的投入直接或者间接地实现个人财富的飙升"。这种"施小恶以成就大善"的治国理念渗透于土地征收立法的全过程。事实上，政府的土地拆迁补偿数目非常有限，但对居住者的搬迁福利就要慷慨得多。新加坡以低补偿为特征的土地征收制度一方面确实"不正义"地剥夺了少数人的自然权力，同时也为组屋制度得以推行提供了巨额财政资金和土地，使绝大多数公民至少拥有一套住房的梦想成为了现实。

通过立法，依法治国，依法拆迁。政府严格按合法手续征收土地，不可非法强拆，并为被拆迁者提供足够的申诉渠道，业主有权控告政府补偿不合理，但没有权利非法抗拆，必须通过司法程序解决问题。同时，拆迁也严格依法而行，赔偿率有着非常详细的规定。拆迁也不是一家一户地拆，而是整个社区地拆，搬到同一个地方去，所以他们的老亲戚、老朋友、老同学、老街坊仍然住在一起。为了理性地拓宽表达渠道，新加坡构建了长效的双轨诉冤机制：一方面通过国会议员（含内阁总理、部长等高级官员）的定期接访沟通，协助被征收者与政府进行征收和补偿方案上的信息沟通，使其意见得以充分表达；另一方面是土地征收申诉委员会以及上诉法院的司法救济。能够满足或者完全被征收方诉求的案例极其罕见，然而，公开、公正、独立、透明的司法审判使败诉方虽不必然心服口服，但也只能服判息诉。

"依法治国，依法行政，依法征地，依法拆迁，依法申述，依法搬迁"，是新加坡解决城市拆迁难题的核心思想。由于《土地征用法》得到了绝大多数国民的认同和支持，征地官员严格按照法定程序实施征地执法行为，司法审判公开、公正、独立、透明，《土地征用法》实施40余年从未发生野蛮强拆，也未发生堵路、跳楼、自焚乃至暴力性质的群体性抗法等征地与拆迁现象。城市拆迁这一世界城市发展史上的难题在新加坡如此和谐地得到解决，可说是一大奇迹。

新加坡依法治国，立法解决拆迁难题和对拆迁补偿的法理原则值得深思。"施小恶以成就大善"的做法表面上掠夺了少部分人的自然权利，但从深层次考虑，本质上维护了对绝大多数人的公平正义，让绝大多数新加坡公民能够共享经济发展的成果，而不是少数人因为公共资源的投入而使个人财富"合法"飙升，从根源上根除了拆迁矛盾，并最终实现社会和谐。事实上，"低补偿，慷慨搬迁福利"，不仅使政府规避了巨额财政负担，使绝大多数居民获得了改善居住条件的机会，同时也规

中国城镇化——历史借鉴、国际融合与本土实践

避了很多被拆迁者由于缺乏专业知识和良好投资渠道，对从天而降的巨额财富不知所措和不合理使用（如赌博等）导致社会矛盾和重新贫困的发生，在某种程度上是以市场化机制对拆迁户更长远的规划和更好的保障。

"不谋全局者，不足以谋一域；不谋万世者，不足以谋一时"。对一个人口大国来说，土地是国家发展的财富之源。如何协调国家发展和土地资源合理利用的平衡，如何保障人民的合法权益但又防止被非法滥用，如何保障农民拆迁的合理权益和防范城市居民拆迁漫天要价，是对一个政府施政能力和执政智慧的考验。对农民征地补偿应该合理提升，对市中心的拆迁补偿应该大幅下降，从原有的"劫贫济富"转变为"劫富济贫"的均衡增长模式，缩小贫富差距，缓解社会矛盾。事实上，房屋本身并不会升值，只会随着使用和时间而贬值，这种由于土地增值引发的巨大差距并不是由于被拆迁者的智慧或劳动，而主要是因为外部基础设施建设和环境改善等公共资源的投入而造成的。"基于公共利益征收私人土地，不应给国家带来不适当的财政负担；社会发展成就不应让个人独享，而应由全体公民共享；在立法设计上应尽量避免"法之不善"引发的土地投机行为和私人暴富现象。"这是新加坡土地征收的基本法理和和谐拆迁的法律基础，非常值得经济高速增长但拆迁矛盾日益尖锐的今日中国借鉴学习。"劫贫济富"的非理性繁荣的盛宴注定无法长久，而均衡增长的理性发展模式才是社会可持续发展的基石。

城市拆迁在很多地方成为社会矛盾的焦点，成为阻碍经济发展的重要原因，在很大程度上正是由于法制不完善，补偿机制有漏洞，使拆迁补偿成为少数人一生难求的迅速致富和"合法"牟利的手段，"不患寡而患不公"和个别人的欲壑难填更成为激发社会矛盾的导火索。政府不能非法强拆，但也绝不应该让拆迁成为少数人"因为公共资源的投入直接或者间接地实现个人财富的飙升"或掠夺社会财富的"合法"途径，成为极少数人"一生难求，一夜暴富"的致富手段，人为造成贫富差距，更不能因为极个别人的欲壑难填，妨碍大多数人追求经济发展和社会进步的自由。我们相信，一个有法可依，并且能让绝大多数居民，比如90%~95%，满意的拆迁方案，应该是一个公平合理且可行的方案，新加坡"整体性保护，整体性拆迁"的发展模式，有潜力构成经济发展和社会和谐的基石。

三、以新加坡为大城市可持续发展标杆，解决城乡差距大问题

世界银行原首席经济学家林毅夫教授指出，中国大陆当前经济发展阶段与1951年的日本、1967年的新加坡、1975年的中国台湾地区以及1977年的韩国较为相似。中国目前一线大城市经济发展状况好于1967年的新加坡，面临的城市发展问题不如当年的新加坡严重。新加坡对中国大城市可持续性发展的借鉴见表1-2。

新加坡对中国大城市可持续性发展的借鉴　　　　　表1-2

项目名称	核心理念	具体措施	结果
城市规划	不仅专业，而且富有远见	规划过程公开透明，鼓励市民及专业团体参与；规划不仅解决现有问题，而且要有远见，并保持更新优化；分阶段分重点有序发展	实现经济发展和环境改善的平衡
交通	以公共轨道交通为主导	以城铁、地铁等公共轨道交通为主导；建立电子道路收费系统，对繁忙时间进入市中心的车辆按时收费；城市中心大多采用单车道；限制私家车发展	全球罕有"不堵车的大都市"
住房	基本有保障，高端靠市场	土地利用最优化：政府"居者有其屋"计划保障居民基本需求，将优质土地留给私人住宅，市场化手段满足高端需求	社会和谐，老百姓不用为住房操心

项目名称	核心理念	具体措施	结果
产业发展	差异化扶持政策	对政府支持工业重点扶持，提供低租金和差异化政策，实现产业均衡发展	世界第三大炼油中心和电子工业中心之一
文化保护	对历史文化街区整体性保护	专门制定历史文化区专项保护规划；对历史文化街区进行整体性保护；将历史建筑活化更新为现代功能	多元文化和谐共生，避免了大拆大建
环境保护	自然开发模式	将自然引入城市空间；开发商必须在产品设计上竞争；不要一次将规划画满，让区域自然生长	"花园城市"美誉全球最宜居城市之一
市中心和新城镇	功能分区，错位发展	以公共轨道交通为主导联系新城镇和市中心，区域中心再通过支线轨道交通疏散人流；市中心主要用于商业，办公，娱乐和高档公寓	实现市中心和新城镇共同繁荣
拆迁难题	施小恶以成就大善	制定《土地征用法》，依法拆迁；土地补偿避免出现富可敌国的大亨，更不允许因公共资源的投入而使个人财富直接或间接飙升	从未发生非法强拆也从未发生非法抗拆

现代城市规划学创始人埃比尼泽·霍华德（Ebenezer Howard）说："城市和乡村必须结为夫妇，这样一种令人欣喜的结合将会萌生新的希望，焕发新的生机，孕育新的文明。"

初见新加坡，高楼大厦不如中国香港地区辉煌壮观，但深入新加坡，却倍感温馨，恍如徜徉于绿叶红花之海，犹如甘醇，越品越有味（图1-4）。新加坡金融中心区与传统历史文化区唐人街，新加坡河比肩而邻，相互辉映；高楼大厦与传统建筑互为点缀，和谐共生；城市楼宇之间绿地花草遍布，到处绿意盎然，城市自然生长；组屋虽不豪华，但却经济实用，也不密集，足以满足一般家庭需求；华人、马来人、印度人、欧美人，多元文化，和谐共生；政府"高薪聘优才"，清正廉洁，

图1-4 新加坡鸟瞰图二

高效透明，管控严格，人民遵纪守法，安居乐业；依法治国，严格执法，法律面前人人平等；经济高速发展，环境持续改善，文化保护传承，拆迁和谐解决，产业均衡合理可持续，社会和谐，城市生活和自然环境浑然一体，恍若田园都市。新加坡和中国香港地区城市对比见表1-3。

新加坡和中国香港地区城市对比 表1-3

对比项目	新加坡	香港
位置	东南亚岛国	南中国海半岛岛城
面积	719.1km²	1104.32km²
人口	554万（2015年）	731万（2015年）
人口密度	7697人/km²	6619人/km²
别名	花园城市	东方之珠
GDP（2015年）	2927亿美元	3099亿美元

中国城镇化——历史借鉴、国际融合与本土实践

对比项目	新加坡	香港
人均 GDP（2015 年）	52889 美元	42423 美元
国家和地区竞争力全球排名（2016~2017 年）	2	9
其中：基础设施	1	3
效率增强	2	4
创新与成熟度	12	23
城市地位	全球重要金融、服务业和航运中心	全球重要金融、服务业和航运中心
其中：金融	全球第 4	全球第 3
港口	世界第 2	世界第 3
制造业	全球第三大炼油中心，东南亚最大修造船基地和世界电子工业中心之一	制造业比重自 20 世纪 80 年代开始持续下滑，2010 年制造业仅占约 2%，"产业空心化"特征明显
产业结构	第二和第三产业双轮驱动，2011 年第二产业占 32.21%（其中制造业 27.11%），第三产业（服务业）占 61.81%	第三产业居于绝对主导地位，2011 年占 92.9%，第二产业仅占 7.1%
住房建设	超过 80% 居民住在政府组屋，组屋以中等户型为主，不仅满足基本需求，而且较舒适	约 50% 居民住政府的公共房屋，其中 30% 住公屋，其余住居屋，以小户型为主
交通状况	不堵车	基本不堵车
政府经济政策	"积极、直接干预"	"积极不干预"

注：资料来源：作者根据百度百科、新加坡统计局、香港政府年报、世界经济论坛等有关资料整理。

　　新加坡和中国香港地区最初都曾是不起眼的小渔村，后来凭借其优越的地理位置和天然良港，大力发展港口贸易，两者都成为亚太区著名的贸易转口港；在20世纪中期，两者都抓住了发达国家产业升级转型，劳动密集型产业向发展中国家或地区转移的机会，适时采取"出口导向型"发展战略，两者都成为亚太区重要的制造业中心，经济迅猛发展成为"亚洲四小龙"之一；20世纪80年代中期，两者产业结构都转向第三产业，进入了后工业化或服务经济时代，其中，进出口贸易、航空、金融等成为服务经济的重要行业，都发展成长为亚太区主要的贸易中心、航运中心、金融中心以及旅游中心。作为城市经济，第三产业在新加坡和中国香港地区整体经济中一直占有重要地位，即使在出口导向型制造业成为经济发展主导产业的高速增长"工业化"时期，第三产业在国民经济中仍举足轻重。

新加坡和中国香港地区在制造业产业升级上的发展道理迥然不同。随着世界产业结构的调整，20世纪70~80年代西方发达国家从重化工业逐渐向先进制造业和以资讯产业为核心的新兴工业转型。在此期间，新加坡政府积极有为，再次抓住了发达国家产业升级转型机会，通过引进外资和从国外引进先进技术，成功建立起以电子电器、石油提炼、机械制造（修造船为主）为主体的制造业，实现了产业结构升级和优化，建立起门类相对齐全，结构相对合理，以资本和技术密集型的重化工业为中心的产业结构。在新加坡产业结构调整过程中，制造业一直占有重要地位，占到国内生产总值的25%以上，目前新兴的电子产业和生物医药等高端制造业与服务业共同组成推动经济增长双引擎，同时保障了国民的就业稳定。同期，香港地区也力图跟上世界产业结构的调整，但终因种种主客观条件的制约，始终未能完成制造业本身的转型升级，制造业逐渐萎缩，令整体经济结构失调，出现了"空心化"的危机。

造成这一显著不同的重要原因是两者的经济政策。新加坡政府实行"积极，直接干预"的经济政策，产业结构的调整则主要是政府主动调整经济发展战略和政策的结果。政府在产业结构的转型中充分发挥了主导作用，以技术进步为基础，注重产业结构的合理性和不断的升级转型，通过制定一系列经济发展战略和产业政策，指导并直接参与了产业结构的转型，完成了从劳动密集型经济向资本密集型和知识密集型经济的转变，产业结构相对均衡合理。而香港地区实施的是"积极不干预"政策，产业结构的调整相对被动，主要依靠国际宏观经济环境的转变和市场机制的作用，政府只起辅助作用。因缺乏政府政策的有力支持，香港地区制造业尚未完成产业升级转型，在20世纪70年代末中国内地开始改革开放的背景下，便已大规模转移到内地，始终未能完成制造业的产业升级，造成遗憾。

四、小结

保持经济增长和环境改善的平衡，一直是困扰世界城市发展的难题，达到平衡非常困难。作为一个国土面积狭小，资源匮乏，人口密集的大城市，仅仅经过40余年，新加坡通过"不仅专业，而且富有远见"的城市规划和高效透明的政府，在交通建设、产业发展、住房建设、文化保护、城市拆迁等方面成效卓著。以公共轨道交通为主导，成为"不堵车的大都市"；以"土地利用最优化"为原则，实现"低端有保障，高端靠市场"的住房市场格局和产业均衡发展；创造性对历史文化区进行整体性保护，避免了大拆大建，新区和老城和谐共生；依法治国，立法和谐解决拆迁难题；市中心和新城镇错位发展，共同繁荣，保持了经济发展和环境改善平衡的可持续发展，城乡差距缩小，城市疏密有间，在某种程度上实现了"把田园的宽裕带给城市，把城市的活力带给田园"的"田园城市"梦想。

如果说以纽约、芝加哥为代表的单核集聚型发展模式为城市发展早期第一代产品的话，以洛杉矶为代表的城市郊区化和多中心扩展模式为城市发展中期第二代产品，而以新加坡为代表的城市中心区和新市镇共同繁荣，保持经济发展和环境改善平衡的可持续发展模式则为城市发展成熟期第三代作品。

根据最新发布的世界经济论坛《全球竞争力报告2016~2017》"世界主要国家和地区全球竞争力指数排名"，2016年新加坡全球综合排名第二，其中在基础设施方面居于全球首位，效率增强方面位居全球第二。新加坡与中国大城市人口规模和文化习俗相似，目前中国经济发展水平相当于1967年的新加坡，作为世界上为数不多成功实现保持经济发展和环境改善平衡的国际大都市，新加坡"不仅专业，而且富有远见"的城市规划理念和发展历程，有潜力成为中国大城市可持续发展的学习标杆。

第二章

德国　发达地区城市群可持续发展借鉴标杆

德国是世界上高度城镇化的国家之一，经济实力位居欧洲首位，是世界第二大进口国和第三大出口国。德国也是高度发达的工业国家，德国产品以高品质著称于世，汽车、电子、机械制造和化工四大支柱产业引领全球；德国也是世界上最富裕和生活水平最高的国家之一，并具备完善的社会保障制度，当今在科技、教育、医学、工业等方面处于世界领先地位。

德国是世界上城镇化发展较快、城镇化率较高和城镇化质量最高的国家之一，实现了高城镇化率、高人口密度与城镇规模均衡化的平衡，是城镇化高级阶段经济发达地区城市群可持续发展的代表作品。德国城市发展遵循一条原则：既要考虑市场竞争的原则，也要顾及社会公共利益的需要。在城镇化过程中，注重区域协调发展以及大中小城市和小城镇均衡发展，实现了经济增长、环境改善和房价稳定的平衡，形成德国城镇化城乡统筹，合理分布，均衡发展的独特模式。德国联邦、州和地方乡镇三级共同承担城镇建设发展的任务，注重完善中小城市的基础设施和公共服务，地区和城乡差距不明显，中小城市成为城市体系和产业发展的主体，对产业升级起到了积极的推动作用，在快速城镇化的同时成功避免了交通拥堵、环境恶化、就业困难等传统"城市病"；德国保持和发展了不同城市的独特城市文化，房地产市场均衡、稳定且相对便宜，是全球罕见实现经济发展和房价稳定平衡的国家，具有可持续性。德国主要城市分布和交通示意见图2-1。

德国国土面积为35.7万km²，人口约8200万，人口密度为229人/km²，是欧洲人口密集的国家之一。从人口规模、人口密度和区域面积看，德国与中国发达地区城市群（如长江三角洲）具有可比性，德国注重大中小城市和小城镇的均衡发展，注重区域协调和城乡一体化的大都市圈城市群城镇化发展模式适用于区域经济发达地区，有潜力成为中国发达地区大都市圈城市群可持续发展学习对象。

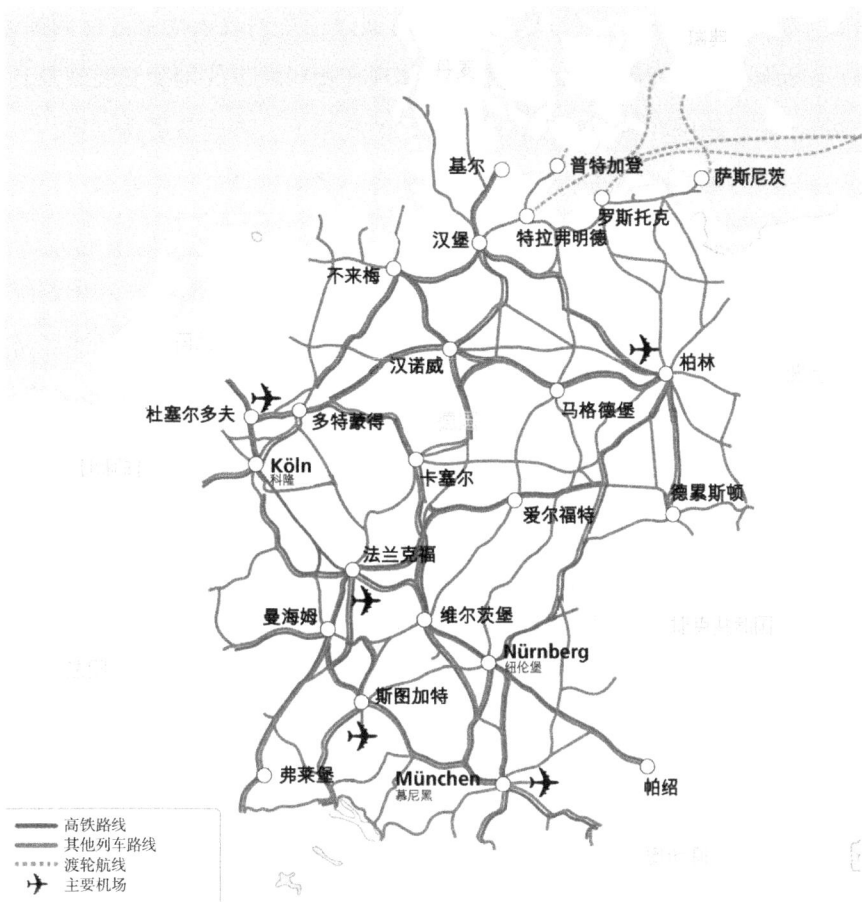

图 2-1　德国主要城市分布和交通示意图

资料来源：cn.eurail.com

一、注重区域协调发展，实现快速城镇化和区域均衡发展的平衡

1. 积极发挥政策引导作用，缩小区域发展不平衡

德国联邦宪法第106条规定：德国应追求区域的平衡发展和共同富

裕。为了实现地区平衡发展，德国政府通过一系列政策措施进行调控，以不断缩小各地发展差距，具体主要体现在德国城市的均衡发展观及其政策措施。德国在城乡建设和区域规划的政策上，有两条最高宗旨：一是在全境内形成平等的生活环境，减少各地区的差异；二是追求可持续发展，使后代有生存和发展的机会。

两德统一之时，东部地区人均GDP只有西部地区的40%，东德经济总体远落后于西德，这造成了统一后东德人口大量流失，当地经济更加不景气。为缩小区域发展不平衡，使德国全区域生活水准平等，联邦政府采取"团结补贴"，收取税率为5.5%的"团结税"，每年给东部各州提供120亿欧元的补贴，一直持续到2019年。这笔补贴一方面用于旧城改造和基础设施修建，以提升城市的生活质量和形象；另一方面，为入驻的企业提供土地、税收、贷款等方面的优惠。在这种政策的鼓励下，东部形成了如莱比锡、德累斯顿等各具特色和吸引力的城市。

柏林墙倒塌后的20年间，德国联邦政府通过持续的财政补贴，产业转移等支援东部，对东部地区投入大量资金，东部地区共受益1.6万亿欧元补贴，用于养老金、失业保险、公共部门工资、修建公路、城市改造和环境治理等项目支出，使东部地区基础设施和生态环境大为改善，东部地区的经济发展和人民生活水平大为提升，东西部经济社会差距逐步收窄。

德国城镇发展遵循一条原则：既要考虑市场竞争的原则，也要顾及社会公共利益的需要。德国各州财政平衡制度是这一原则的具体体现，也是实现地区平衡发展的一个重要制度。该制度规定，财政收入高的州要通过财政平衡去补贴财政收入低的联邦州。慕尼黑所在的巴伐利亚州在20世纪六七十年代是一个落后的农业州，要靠其他州补贴财政。在财政平衡制度政策扶持下，充分利用自身资源和后发优势，巴伐利亚现在

中国城镇化——历史借鉴、国际融合与本土实践

已发展成为德国最富有的州，反过来每年补贴其他州的财政也最多，有效缩小了区域发展差距，实现了区域均衡发展。

2. 挖掘欠发达地区内生动力，大力培育新兴产业

在消除东西部差距的浩大工程中，德国注重因地制宜，深入挖掘东部地区的内生动力，大力培植相应的新兴产业，使之成为东部经济的强大支柱和可持续发展动力。事实上，德国统一后，经过20多年的经济结构调整，德国东部正在成为许多新兴产业的全球领军者。如位于德国东部萨克森、图根州和萨克森—安哈特三个州的"太阳谷"汇聚了近百家全球太阳能企业，专注于太阳能的研究机构就超过了60家。这里集聚了德国太阳能产值的43%，太阳板产量的65%，占全球太阳能板产量的1/3，成为东部经济的重要支撑和支柱之一。

根据各地要素禀赋和特色优势，充分利用后发优势，大力拓展新兴产业，不少东部城市后来居上。德累斯顿，这个20年前连西部电视都覆盖不到的山谷，吸引了包括AMD、英飞凌等一大批芯片公司，目前超过760家芯片生产企业聚集于此，成为全球微电子中心，享有"小巴黎"的美誉；柏林—勃兰登堡州生物技术工业园已拥有190余家生物技术公司和20多家顶尖生物科研机构，6个生物科技园和2个特别实验室，在基因研究、分子医学、生物信息学等诸多领域居于国际领先地位，引领欧洲生物科技新潮流……

在2008年全球金融危机的影响下，德国2009年GDP整体下降了5%，但东部地区经济却逆势增长，社会就业也保持平稳。新兴产业帮助东部地区战胜了经济危机，继续缩小了东西部差距，实现了德国区域经济均衡发展。

3. 产业布局均衡分布，实现区域均衡发展和总体最优化

自20世纪60年代开始，在"均衡城镇化"发展观的指导下，德国开始规划和建设大中小城市和小城镇均衡发展，互补共融的大都市圈城市群。德国注重区域协调，大中城市和小城镇均衡发展，中小城市成为城市布局和产业发展重点，产业布局和公共服务均衡分布，形成了德国城镇化城乡统筹，分布合理，均衡发展的独特发展模式，其先进理念和管理经验深刻影响了欧洲各国，受到世界各国的广泛称赞。目前，德国已形成11个均匀分布，具有欧洲影响力的大都市圈城市群，包括柏林—勃兰登堡区、大汉堡区、慕尼黑区、莱茵—鲁尔区、斯图加特区、法兰克福及莱茵—美茵区、不莱梅—奥登堡区、纽伦堡区、莱茵-内卡区、汉诺威—不伦瑞克—哥廷根—沃尔斯堡区和中部城市群。

通过产业和机构均匀布局，公共服务均衡发展的策略，德国以产业分区和区域特色主导产业的方式，总体上实现了区域经济的均衡发展，并保持了各自区域的不同特色。统计资料显示，2007年德国11个大都市圈人均可支配收入平均为18421欧元，最高的为斯图加特20778欧元，最低的为德国中部15101欧元，地区贫富差距不大，实现了区域经济的平衡发展。德国11个大都市圈均匀地分布在全国各地，均具有良好的交通和信息通达性，涵盖了几乎所有的国内商业、文化和政治中心，聚集了德国70%的人口，解决了国内70%的就业，成为德国社会、经济和文化发展的象征。同时，各城市群形成了不同的特色主导产业，避免了各地区产业雷同、重复建设和恶性竞争，实现了地区间的产业分工和协作，有力促进了各城市圈的均衡发展。具体见表2-1。

德国 11 个都市圈的主要功能　　　　　表 2-1

都市圈	主导产业	都市圈	主导产业
柏林—勃兰登堡	行政、服务业和高科技	慕尼黑	科学研发与高科技产业
莱茵—鲁尔	煤炭、钢铁和行政管理	汉堡	港口、外贸和飞机制造
法兰克福—莱茵—美茵	银行、金融和化学工业	莱茵—莱卡	汽车和化学工业
斯图加特	汽车、电子和精密仪器	不莱梅—奥登堡	港口
纽伦堡	电子和机械工程	德国中部	机械制造和交通业
汉诺威—不伦瑞克—哥廷根 – 沃尔斯堡	科学研发和展览		

注：数据来源：BMVBS，BBR。

　　德国不仅各大都市圈具有不同的特色主导产业，在各都市圈内部不同的城市之间也具有各自不同的特色主导产业。德国城市一般不搞"小而全"的综合性职能，而是充分利用自身的比较优势来发展自己的特色主导产业，注意专业化和分工合作，以达到城市功能的互补，从而实现大都市圈整体和谐和最优化。以被誉为"德国工业的心脏"的莱茵—鲁尔区为例，科隆是德国第四大城市，著名的重工业城市和全国金融中心之一，旅游、展览也很发达（图2-2）；埃森是德国钢铁工业先驱克虏伯（Krupp）家族发迹地，主要产业包括采煤、钢铁、机械、军工、化工等；杜塞尔多夫是德国广告、服装和通信业的重要中心，德国时装之都和世界著名的时装城市；被誉为"钢铁城市"的杜伊斯堡是德国主要钢铁工业中心，全国7个具有400万 t 以上炼钢能力的钢铁厂中的5个位于该市；波恩是西德旧都和重要的政治中心，行政管理和旅游业发达，工业很少（图2-3）……

图 2-2　科隆远眺

图 2-3　波恩大学

4. 公共服务均衡发展，缩小地区和城乡差距

公共服务的均衡分布和平衡发展，是德国缩小地区和城乡差距的重要手段。历史上，德国曾经长期处于封建割据之地，在统一的过程中，德国逐渐形成了以原邦国首府为中心的多中心城市圈格局，并且大都市圈内大中小城市均具有独立的财政预算权和投资决策权，为区域和城市公共服务的均衡发展打下良好政治和体制基础。

首先，教育资源的均衡分布。在德国，每个大中城市都有自己的大学、科研和培训机构，各城市的教育并驾齐驱，促进了大中小城市的并行发展。例如，莱茵—鲁尔区的科隆、波恩、杜塞尔多夫和杜伊斯堡都是北威州大学分布的主要城市，而德国的不少大学均位于小城镇，如德国最古老的海德堡大学。教育资源的分散布局，且重视高科技发展和产学研结合，使各地区的有效劳动生产率趋向一致，同时也减少了因求学而致的人口集聚压力。

最后，基础设施和配套服务均衡发展。在"均衡城镇发展观"的指导下，德国中小城市的基础设施和生活便利程度与大城市几乎并无不同，街道整洁干净，商业服务完善，所谓"麻雀虽小，五脏俱全"。例如，施瓦堡市是一个只有15000人的小城镇，但其却拥有1.2公顷的森林、7所学校（包括中小学和幼儿园）、一条商业街和一个火车站，银行、游泳馆、图书馆等也一应俱全。施瓦堡市的商业服务非常完善，在这里可以找到大城市里几乎所有的知名品牌商品和全国性连锁超市，从路易威登、苹果电脑到阿迪达斯应有尽有。

最后，努力优化环境，提升城镇生活舒适度。各城市政府均认识到，舒适的城市生活环境是全体城市居民和投资者共同的财富，是一个城市吸引人口和资本的不可缺少的因素。各个城市都努力优化环境，以提高凝聚力和竞争力，实现经济发展和环境改善的平衡。德国的大中小城市不仅绿化面积比率高，而且文化、娱乐、体育场所数量多，分布均匀合理，缩小了地区和城乡差距，促进了人口和产业的均衡分布，实现了区域经济均衡发展。如表2-2所示。

莱茵—鲁尔区四个城市的公共服务设施比较　　表2-2

	人口（万）	森林面积（km^2）	公园、动/植物园等	博物馆（个）	剧院（个）	体育协会或社团（个）
科隆	99.8	35.5	约10	约30	约30	775
杜塞尔多夫	58.1	21.8	30	约20	约16	127
杜伊斯堡	54.2	25	15	17	11	500
波恩	29.1	39.5	25	39	26	387

注：数据来自各城市官方网站。

二、可持续的城镇化

1. 可持续的城市群：大中小城市和小城镇均衡发展

德国均衡城镇化发展的基本模式是：避免过度发展城市区域中的某

一单一支配性中心城市，而是形成若干功能互补的多级城市群。在大都市圈内，大城市发挥集聚和辐射作用带动周边区域的发展，中小城市成为城市主体，通过都市圈内大中小城市和小城镇的协调发展，避免区域发展不均衡和城乡差距大的矛盾。

德国城市体系呈现"多中心"格局：大城市少，中小城市多，且分布比较均匀。全德11个大都市圈城市群均匀地分布在全国各地，城市群内部大中小城市均衡发展，中小城市为主体。据德国城市年鉴数据显示，截至2010年底，德国共有大中小城市2065个，其中人口超过百万的大城市只有3个，柏林370万，汉堡170万和慕尼黑120万，总人口约660万，占全国人口总数不到10%；10万~100万人口的城市79个，总人口约2530万人，占德国总人口的30%；而人口在2000~10万人的小城镇密布全国，承载4970万人总人口，约占德国总人口的60%，成为德国人口分布的主体，其中大部分人口分布在2000~10000人的小型城镇，这些小城镇一般距大中城市半个小时到一个小时的车程。

被称为"德国工业的心脏"的鲁尔区是德国最重要的工业区，工业产值曾占全国的40%，现在仍在德国经济中具有举足轻重的地位，同时也是最具备均衡城镇体系和区域认同感的大都市区。鲁尔区面积4593km²，占全国面积的1.3%，但区内人口和城市密集，人口达570万，占全国人口的9%，包括24个5万人以上的城市，其中艾森、多特蒙德、杜伊斯堡人口在50万以上。鲁尔工业区内工厂、住宅和稠密的交通网交织在一起，形成连片的城市带。以鲁尔区为核心，方圆100km内，集中了5个50~100万和24个10万~50万人口的城市，鲁尔区生产的70%以上的煤炭和钢铁在此范围内加工和消费，成为德国最大的消费核心。

德国中部的莱茵—美茵大都市圈，包括59个市政当局，覆盖420万人口和8100km²土地。20世纪80年代以来，由于发达便捷的公共交通，莱茵—美茵大都市圈内的人口逐渐从法兰克福、威斯巴登、美因茨、阿森芬堡和达姆斯塔特五大城市向周边的小城镇和乡村腹地转移，以致法兰克福这类过去中心城市的常驻人口基本处于走失状态，没有哪个城市在经济或政治上可以支配其他城市。法兰克福是一个国际化的城市，但它却只是一个国际金融中心，而不再是这个区域的支配性中心，因为那里的主要城市和星罗棋布的城镇在经济和社会发展上各具功能，各有特色。

德国通过大都市圈城市群内大中小城市均衡发展，中小城市成为城市体系的主体，形成"分散化的集中型"城市布局；完善了中小城市的基础设施和公共服务，缩小了地区和城乡差距；促进了居民本地化就业，减少了上下班通勤时间和成本；实现并长期保持了相对便宜的房价和租金，降低了企业运营和城市居民的生活成本；同时，保持和发展了不同城市独特的城市文化和遗产，形成和发展了多样化的旅游业，形成区域和城乡均衡发展的独特德国模式，具有可持续性。

2. 城市发展的可持续：注重主导产业支撑

城市能否稳定持续发展，关键在于产业支撑。以产业化带动和支撑城镇化，是德国城镇化的显著特点之一。德国城市虽然规模大小不一，但立足于自身的资源特色和环境条件，每个城市都具有各自特色、定位和侧重点，呈现出主导产业突出的鲜明特点，迅速形成自身核心竞争力。比如，柏林是政治和文化中心，汉堡是贸易中心和绿色港口城市，慕尼黑是博览会之都和啤酒城，法兰克福是金融中心，斯图加特是汽车城，科隆是媒体业中心和香水之都，汉诺威是展览名城，杜塞尔多夫是时装之都，莱比锡是历史名城，海德堡是印刷机械和大学城。

德国城市体系以中小城市和小城镇居多，其生活便利程度与大城市几乎并无不同，产业分布也以中小城市和小城镇为重点，加之接近大自然的生活环境，小城镇拥有大城市无法比拟的优越性。虽然规模不大，但特色鲜明，功能明确，经济发达，中小企业发展良好，数量多且分布均匀。以中小城市为主体的"分散化的集中型"城市布局带动了人口流动的分散性，为产业结构升级创造了良好的劳动力资源环境，成为推动产业升级的重要力量，德国的不少著名企业均将总部设在中小城市。以汽车行业为例，奔驰和保时捷总部斯图加特，大众总部沃尔夫斯堡，奥迪总部英戈尔斯塔特，均属于中小城市，在当地形成强大的制造业集群，而人们的医疗、教育等基本需求也可以在本地解决，为就业本地化提供了有力保障，有效促进了城乡一体化，共同发展。

由于拥有十分发达的交通网络和便捷的公交系统，有机结合的中小城镇同样可以提供足够的发展空间和便利生活，使追求事业或者高品质生活的人们无须挤进大城市，大大减少了人口大量转移和高度集聚对中心城市形成的压力。许多人居住和生活在小城镇，在当地或其他小城镇工作，而无须挤进大城市。如德国电子行业的标志性企业西门子的总部所在地爱尔兰根，仅有10来万人口，4万余人在西门子工作，3万人为爱尔兰根大学师生；海德堡人口只有14万，但却是全球印刷工业领导者海德堡公司总部所在地，被誉为"印刷之城"，同时也是德国最古老的大学——海德堡大学所在地，德国乃至欧洲的一大科研基地，享有"欧洲硅谷"的美誉。而吕贝克、弗莱堡、魏玛等小城市，城市不大，但都具有独特文化特色，风景优美，有较高的生活质量，很有竞争力，也很自信。

3. 可持续的乡村城镇化：土地整理和村庄更新

德国城镇化过程中出现一种独特的现象：大量农村村镇在城市规划指导和政府财政支持下直接转化成小城镇。土地整理和村庄更新是德国乡村城镇化的主要方式。德国战后重建的核心是人口在7000~9000人的地方居民点，包括那里的商店、学校和其他基本的基础设施和公共服务设施。在德国人的规划传统上，一个由自然景观环抱的7000~9000人口的居住区是最为理想的"有机"居住单元。

德国城镇化的基本倾向是分散化，即在城市人口规模和用地规模日益扩大的基本倾向下，德国城镇本身的建设用地规模并没有变得越来越大，而是都市区中传统乡村居民点转变成为规模不等的工商城镇，同时维持周边农业和森林用地性质不变，保证不同层次产业在城市区域内并存。这样，就为第一、第二、第三产业协同发展带动郊区经济增长创造了可能。直至今日，土地整理和村庄更新仍然是德国乡村建设和乡村城镇化的主要方式。在土地利用方面，降低土地和开放空间的消耗，提高现有城市土地和开放空间的利用效率，是德国城市可持续发展政策基础。在此之上，再考虑城镇区域内的工业布局、就业安排、交通组织和城乡生态环境保护，以实现可持续的城镇化和城乡生态的良性循环。

两德统一后，德国一直不断努力提高农村的生活质量，为城市和农村创造同等的生活条件。完善的公共服务配套是保障城镇居民日常生活的基础，也是促进人们到小城镇定居的条件之一。与大城市相比，德国小城镇在市政基础设施、生活便利程度、医疗保健和教育系统方面几乎没有差别，医院、学校、购物中心等一应俱全，而且自然环境优美，甚至具有大城市无法比拟的优越性。以巴登巴登为例，尽管只是一个仅有5万人口的小城镇，但不仅商店、银行、医院、宾馆和饭店齐全，还拥有博物馆、文化中心、图书馆、综合性体育场、高尔夫球场、网球中心、游泳中心、温泉中心等，各种配套设施十分完善。同时，在德国小城镇工作的教师可享受政府官员同等待遇，工资收入高，工作稳定，所以师资力量较强。加之学生人数相对较少，获得老师辅导的机会较多，因此，德国小城镇的基础教育质量普遍较高。

经过60多年的不懈努力，德国大中小城市和小城镇协调发展，城市与乡村融合共生，既没有形成过度拥挤的超级城市，也没有破旧不堪的农村地区，有力缩小了地区和城乡差距，避免了普遍存在的"城市病"的矛盾。德国的城镇规划传统、乡村基层设施和公共服务设施的建设和管理模式，尤其是它在乡村城镇化过程中采取的一些做法，深刻地影响了欧洲其他国家，受到世界各国的广泛称赞，值得今日中国新型城镇化借鉴和学习。

4. 可持续的城市交通：完善拓展公共交通，改变市民出行行为

可持续的城市交通意味着：采用健康的交通模式，鼓励减少出行距离，从而减少能量消耗，减少空气污染。同时，可持续的交通系统还应该促进经济发展，减少能源消费和碳排放，提高安全性，公平使用交通设施，提高整体生活质量。

德国的交通运输业十分发达，是世界上路网最密集的国家之一。德国公路总长65万多km，公路面积约占国土面积的4.8%，公路密度为世界之冠，其中高速路总里程1.1万km。德国的铁路总长约3.8万km，城市之间四通八达的电气化高速列车平均几分钟一列，一般城市又有地铁、公交车、有轨电车等多种公共交通无缝连接，便捷通畅的交通将德国数千个分散的城镇紧密联系在一起，为大中小城市和小城镇协调发展奠定了良好基础。

改变市民的出行行为，更多地使用公共交通而不是完全依赖于新增交通设施，是德国在推进可持续交通发展方面的最重要经验。便捷通畅的交通体系和本地化就业的产业布局，使骑车上班在德国成为可能。德国联邦统计局数据显示，德国每1000名居民中就有814辆自行车，其中骑车上班者占上班族的38%。德国的公交系统便捷、安全、先进，追求轨道交通和公交汽车之间的无缝衔接，综合考虑和安排步行和自行车使

用设施，在远郊火车站、都市区火车站、汽车站等地方，提供大量自行车停车空间，从而使居民更多地依赖公共交通，吸引更多的公交乘客。从环境角度看，德国交通产生的二氧化碳排放量仅为美国的1/3，交通能源使用效率高于美国50%，比美国公共交通更环保、更先进、更方便，具有可持续性。

三、完善的外部支持体系

1. 规划先行，三级联动：政府主导，全民参与

德国宪法规定由联邦、州和地方乡镇三级共同承担城镇建设发展的任务，注重城市的统一规划和协调发展。在德国，单独谈论一座城镇的发展似乎是没有基础的，所有的城镇都处在一个发展的大都市圈城市群中，又各自在生产力布局上具有自己的相对独立性。例如，有德国"时装之都"美誉的杜塞尔多夫，市区人口仅约57万，但拥有德国第三大机场，以其为中心的莱茵—鲁尔区拥有1150万人口，是德国最大的生产中心，也是最大的消费中心。以水资源的利用为例，德国在考虑城市和水的问题时，常常涉及的是区域，若干城市群甚至多个国家，而非一座城市周边的河流、湖泊、森林和湿地。莱茵河流域、多瑙河流域、博登湖水域的治理和管理经验，充分说明了德国在解决城市和水问题上的巨大规模、复杂程度以及对城乡统筹和区域统筹的考虑。

德国是一个高度重视规划的国家，每一寸国土都是经过规划的。德国的城市规划以经济发展、社会均衡、生态环保为三条基本原则，具有法定性、长期性、固定性、稳定性。同时，德国城镇规划具有指导和协调作用，不仅强调功能完整、布局合理，而且对于交通、通信、排污等公共设施建设坚持长远性原则，避免重复建设，并留有充分的发展余

地，对今后需要重建、扩建的项目也纳入规划的考虑之中，即"不仅专业，而且富有远见"。

德国城市规划的另一个特点是政府主导，全民参与，实行"地方政府+专家+公众参与"的"三结合"。在编制控制性详细规划中，市政府要向市民公示，广泛听取市民意见，对市民提出的意见和建议，市政府或者规划部门必须给予书面答复，要向市民逐条解释说明。市民对自己的城市，特别是居住地附近的规划非常了解，有利于形成共建共管的良好氛围。规划一经出台，就具有权威性和严肃性，任何人不能轻易更改。"专业、公众、立法"，德国规划的三步走策略值得今日中国城镇化借鉴。

2. 注重文化传承，强调身份认同

注重传统文化的传承，强调身份认同是德国文化的一大特点。城市特色文化可以增强居民的自豪感、凝聚力、舒适度，有利于提升城市形象和城市环境，增强城市的竞争力。目前，德国有5600多座博物馆，仍保留2万多座古城堡，有27个景点被列入世界文化遗产保护名录。富丽堂皇的勃兰登堡门、"沙丘上的宫殿"无忧宫，恢宏壮观的科隆大教堂、阿尔卑斯山的新天鹅堡，建筑艺术精湛，多角度展现了德国独特的社会人文历史。

在德国，城市既是建筑艺术的天堂，也是社会历史的缩影。每座城市都有自己的身份和特色，不同城市会给人不同的生活感受。不同的城市文化催生了多样化的旅游产业，如"罗曼蒂克大道"、"音乐之旅"、"童话世界"、"歌德之路"等旅游线路；同时，不同城市文化也展示了不同的文化特色，如"丰收节"、"狂欢节"、"啤酒节"、"南瓜节"等民俗节庆文化。由于德国的地域性文化差异很大，各城市都有自己的特色文化及特色旅游产业，因此在德国各地旅游有亲临多个国家的感觉。德国人有浓厚的乡土情怀，选择在一个地方生活，经济条件不是唯一的考量，成长经历和身份认同，也是重要考虑因素。

德国城镇建设中注重传承保护历史文化，"保持特色，不改建；保留历史，不拆除；保护建筑，不陈旧"。"二战"后，德国人为了重建城市，在20世纪50年代曾大规模摧毁被战争破坏的公共建筑，进行大规模旧城改造。虽然城市基础设施和交通建筑更为现代化，但城市因此失去了原有的风貌。到了70年代，人们意识到保护文化特色的重要性，开始将历史文化和古老建筑的保护和修复作为重要内容，专门制定了城市建设补贴法，规定具有200年以上历史的建筑必须列入保护范围，并拨出专款用于维修和保护工作，使其成为城市独特个性的重要组成部分，充分体现了价值的传承。

德国对历史文化、古建筑、古城镇不是为保护而保护，而是围绕传统城镇历史文脉构建起一系列产业，将之发展成为当地新兴产业和税收的重要来源之一。如位于巴伐利亚北部的班贝格，是天主教班贝格总教区所在地，也是一座大学城和行政城，其老城是德国最大的一座未受战争毁坏的历史城区，1993年入选联合国教科文组织的世界文化遗产名录，成为著名的文化旅游胜地和上弗兰肯地区的重要中心。被称为"德国工业的心脏"的鲁尔区变废为宝，通过将昔日废弃的矿山、工厂改建成工业历史博物馆等，将全区19个工业旅游景点、6个国家级博物馆和12个典型工业城镇连接起来，打造一条"工业遗产之路"的旅游线路，如同一部反映煤矿、炼焦工业发展的"教科书"，带领人们游历150年的工业发展历史，工业文化旅游已经成为鲁尔区经济转型的标志和当地新兴产业。深入挖掘工业文化遗产，并申报世界文化遗产，如今的鲁尔区已经发展成为一个生机勃勃、颇具独创性的经济和文化城市群落。这里的生活方式独具一格，有种类繁多的博物馆、艺术节和非同寻常的工业遗迹，鲁尔区华丽转身，从一个衰落的传统工业区一跃成为"欧洲文化首都"。

3. 注重环境保护和社会融合，实现人的城镇化

由于历史传统和人文素质，德国国民对生态建设和环境保护的意识较强。据统计，德国面积的53.5%用于农业，29.5%是森林，12.3%用于居住和交通，1.8%是水域，其余2.9%是荒地。近年来，德国政府每4年颁布一轮生态建设计划，实行指令性管制。在小城镇建设中，环境保护作为重要因素优先考虑，坚决杜绝以牺牲环境为代价来发展经济。德国几乎所有小城镇中森林和花园总面积都占该城的1/3以上，环境十分优美。

德国注重环境保护，建筑与自然融合共生（图2-4）。莱茵河是德国的"母亲河"，她不仅是德国重要的河运航道，而且也是著名的河谷风景区。游览莱茵河，不仅可欣赏两岸旖旎秀丽的自然风光，还可仔细品味独有风味的人物胜迹。特别是从美因茨到科隆市之间的中莱茵河谷段最富有魅力。在长达数百公里的罗曼蒂克莱茵河谷地区，把几十个中世纪的大中小城镇串联起来，形成了绿色的"城镇链"。两岸的古城堡、古教堂、博物馆、宫殿、名胜、古迹、种植园等，与自然融为一体，美不胜收。

德国注重环境保护和经济发展的平衡。以首都柏林为例，两德统一后，德国首都迁至柏林，在经济迅速发展的同时，城市也面临巨大的人口集聚和土地开发压力。为解决生态环境保护和地方经济增长的矛盾，柏林市和相邻的勃兰登堡州联合制定了柏林—勃兰登堡大都市区可持续发展规划，共同实施"区域行动"发展战略。在柏林市周边以"区域自然公园"的名义投资建设了一个总面积达2866km²的远郊区，其中60万

图2-4 与自然融为一体的德国小城镇

人相对集中在138个小城镇居住和工作，不仅大大缓解了柏林市面临的各种压力，也促进了勃兰登堡州的经济发展。作为德国首都，今日之柏林不仅是德国最大的城市，也是德国绿化最好的城市之一，欧洲森林最丰富的城市。城市面积三分之一以上是公园、草地、森林和原野，拥有6000公顷的水域，市内拥有绿地和休憩场所2500多个，共占地5500公顷，森林约16000公顷，林间小道总长约1840km，其中280km为行人做了路标，森林每年接待游客超过2.5亿人次，城市和自然融为一体，被誉为"绿色之都"，成为保持经济发展和环境保护平衡的典范。

　　人是经济社会发展的主体，发展的目的是为了人生活得更好。德国在城镇化建设中注重保护人的基本权利，培育和谐稳定的内在动力。一方面，统一而健全的社会保障体系为城镇化降低了门槛，社会上没有明显的城乡差别。德国宪法保障选举、工作、迁徙、教育等公民权利没有城乡差别，而德国大中小城市和小城镇之间在基础设施、工作机会、社会保障、就医等方面几乎没有差异，很多德国的大企业也分布在小城镇，使人们不必挤入大城市以获得更好的工作机会和社会地位，城乡差距不大，矛盾较少，社会和谐；另一方面，积极做好外来移民的社会融合工作。目前德国有外来移民672万，有移民背景的人高达1556万，约占全国总人口的18%。20世纪90年代以来，德国政府逐步完善了移民政策理念，颁布实施了一系列法律文件和融入促进措施。特别是在2005年生效的《移民法》中增加了移民参加融合课程的义务，并要求各级政府、宗教团体、社会团体广泛参与，为移民提供融合机会，这些政策措施促进了外来移民融入社会，融入城市，融入国家。

4. 问题与挑战

德国在城镇化道路上也走过弯路。"二战"后，德国城镇化进程经历了"只求量，不求质"的过程，以至于20世纪60~70年代，德国许多城市在"摊大饼"政策影响下，毁坏了许多历史文化名城的传统标志性建筑，如今这些外形统一的居民建筑群成为各地政府的累赘。20世纪90年代以来，东西德统一带来了新的地区不平衡，加上全球市场的持续整合和变化，使得德国空间规划的目标、方法和途径逐渐变化。在经历了近十年的争议后，德国逐步明确了11个均匀分布、具有欧洲影响力的大都市圈，并将它们作为区域经济发展的重要推动力。

其次，德国城镇化面临的一个现实问题是：由于过于强调均衡发展而造成投资过散，有时效益不高；同时往往过度地强调民主和公平而对项目的意见不能统一，久议不决而陷入效率低下、成本上升的泥潭。德国的一个拆迁项目少则几年，多则需要十几年。例如，1990年德国统一后，兴建一座大型的柏林—勃兰登堡机场规划开始被提上议程。由于周边居民的反对，经历了10年法庭论战终于在2006年获得批准，并开工建设，计划2011年交付使用。但由于种种原因被一再推迟，至今仍未投入运营。

德国城镇化的最大教训是，必须考虑到当地居民的需求和现有的传统乡村结构。德国从20世纪80年代起，决定将当地居民意见纳入城镇规划。德国城镇化的主要推动者是具有自主制定政策自由的地方政府，他们熟悉当地环境，能够及时对需求变化做出反应。目前德国出现"再城市化"趋势，由于汽油费不断上升，城市周边地区人口正在重新向大城市中心地带迁移，人口有再向城市聚集的倾向，"再城市化"对城市发展提出了新的挑战。除了要盖更多的房子以外，城市交通的发展、居民的福利和社会保障都很重要，环境问题也格外突出。此外，未来的城市要能够吸引高水平的人才，一方面要有好的就业岗位，另一方面也要给年轻人提供更多的培训机会，让他们更加适应时代发展的需要。

近年来德国人口总量一直呈下降趋势，尤其农村人口流失严重，为今后乡村的可持续发展带来隐忧。10~20年后，德国的小城镇将遇到当地老年人就医和护理难的问题，因为很多人没有孩子或者孩子搬到了其他地方居住。在过去60年里，德国一直不断努力提高乡村的生活质量，乡村的基础设施、商业配套和城市几无二样，为城市和乡村创造同等的生活条件。但随着农村人口的减少，要维持同等标准，人均负担将加重，地方面临巨大的财政压力。

四、可持续的房地产业

1. 德国房地产市场特点

稳定是德国房地产市场最显著的突出特点。作为欧洲最大的经济体和人口最多的国家之一，德国战后60余年的经济增长在西方发达国家中名列前茅，创造了世界经济的奇迹。自1977~2007年，德国的人均收入增长了3倍，而同期房价却只上涨了60%，也就是说德国房价平均每年只上涨了2%，实现并保持了经济发展和房价稳定的长期平衡。2008年全球金融危机前，欧洲的英国、西班牙、葡萄牙等国家房价大幅飙升，但德国房价一直长期保持平稳。金融危机后，这些国家的房地产市场急剧下降。然而，被赞为"房价十年不涨"的德国却独善其身，不仅房价继续保持平稳态势，经济更呈现出持续增长的良好势头，实现并长期保持经济发展和房价稳定的平衡，成为德国房地产市场的独特现象和突出特点。

均衡是德国房地产市场的第二个特点。首先，德国各地房价相对均衡。2012年包括柏林、汉堡、慕尼黑、科隆、法兰克福、斯图加特、杜塞尔多夫、不莱梅、汉诺威、德累斯顿等德国十大城市二手房均价为1580欧元/m²，最高的是慕尼黑（2850欧元/m²），最低的是不莱梅（900欧元/m²），其中3个城市的二手房均价为900~1000欧元/m²，4个城市的均价在1400~1550欧元/m²，分布比较均衡。其次，德国住房自有和租赁比例也相对均衡。目前，德国家庭住房自有率约42%，家庭租房居住比例约58%，住房自有和租赁比例保持相对平衡。

相对便宜是德国房地产市场的第三个特点。以2009年为例，德国人的平均月收入为2400~3000欧元，普通住宅的平均价格为每平方米1000~2000欧元，也就是说一个工薪阶层3~5年的收入就可购买一套100m²左右的住房，房价收入比很低，相对于德国人的收入而言，房价相对便宜。租金分布同样均衡，而且相当便宜。以上述十大城市为例，2012年二手房月租金（以实用面积计算）均价为7.2欧元/m²，其中最贵的是慕尼黑（11.20欧元/m²），最便宜的是东柏林（6.50欧元/m²）。其中有4个城市的房租租金为8.00~8.60欧元/m²，有5个城市为6.50~6.60欧元/m²。

稳定、均衡、相对便宜是德国房地产市场的三大显著特点。然而，低房价并没有给德国带来房地产投资热潮。作为一个曾经是全球房荒最严重的国家之一，德国实现了经济高速增长下区域均衡发展和房价长期稳定的平衡，德国独具特色的社会市场经济房地产制度，造就了一个国家房地产市场调控的成功典范，对面临经济高速增长和房价持续飙升矛盾日益尖锐的今日中国具有现实的指导意义和借鉴价值。

2. 政策基础

从本质上看，德国实行的是社会市场经济制度，政府一方面确保市场经济的平稳运行，另一方面对市场经济的不良后果，如分配不公、恶性竞争等进行必要地干预，宏观调控力度较大，针对性和有效性较强。德国宪法明确规定，"德国是民主的和社会福利的联邦制国家"，与医疗、教育等一样，在住房制度方面也实行福利性住房政策，强化住房的福利性而弱化其资本属性。保障居民住房是联邦政府首要的政策目标之一，也是德国制定所有房地产政策的核心出发点。

房地产政策始终是德国政党竞选的主要辩护议题。虽然德国政府，特别是地方政府，掌握了一些公有土地和住房，但任何人都不敢通过抬高当地地价或房价，来增加当地地方政府的房租收入或税收收入。无论是执政党还是在野党，任何人提出的政策如果不是保障民众的住房福利而是抬高房价，丧失的可能不仅仅是选票，而是整个政党及政治家的政治生命。

3. 城市布局和产业分布

在"均衡城镇发展观"的指导下，德国大中小城市和小城镇均衡发展，中小城市成为城市体系主体和产业发展的重点，不同规模城市之间的基础设施、工作机会和社会医疗保障等条件差别不大，德国人无须挤进大城市就能获得良好的工作机会和生活环境，大大减少了人口大量转移和高度集聚对中心城市形成的压力，同时也为德国长期保持相对便宜的房价和较低的房价收入比奠定了良好基础。

4. 市场机制

首先，住房供求平衡是保持房价长期稳定的基石。德国目前人口总数约8200万人，约有3800万户家庭，住房总数约4000万套，人均居住面积41m²，住房供求总量均衡，可满足平均每个家庭一套住房的要求。同时，德国是西方人口出生率最低的国家之一，人口总体呈下降趋势。而根据政府的土地规划，近年来德国每年新增住房25万~30万套，完全能够满足居民的新增购房需求，可以在很大程度上平抑房价的上涨。在德国，无论是联邦还是州、市、村镇，住房建设依人口需求而定，并有着详尽的建房规划。严格而科学的房地产规划，是德国政府调控房地产市场的首要手段。

其次，住房规划严格规定福利房比例。德国是世界上实行最完备、最严格住房规划的国家之一，这也成为政府管控房地产市场的重要手段。在德国的住房规划中，依据"家家有房住"的基本目标，德国政府对高、中、低档房屋的比例作了明确规定，特别是对低收入者，需由各地方政府依据当地情况明确规定福利房的比例。例如，科隆市政府规定，每年新建的3800套住房中，1000套必须是面向低收入家庭的出租房。政府对社会福利住房专门规划用地，在开发商开发后再以较低的价格提供给需求者，其中的市场差价由政府向开发商提供补贴。

第三，鼓励自建房和合作建房。德国鼓励自用住宅，并给予购建住房补助。2005年以前，德国政府为购买私人住房提供住房补助。如果是购置自住新房，购买者在8年内可以得到政府每年5000欧元的补助，如有孩子，每人每年还可以得到1500欧元的补助；如果购买自用旧房，也可在8年内得到政府每年2500欧元的补助，如有孩子，也可获得每人每年1500欧元的补助；如果购买建造合作社住房，购买者在8年内，每年可得到政府2400欧元的补助，如有孩子，可获得每人每年750欧元的补助。

德国住宅合作社的出现已有200多年的历史。政府通过给予合作社长期低息贷款、借款保证、土地优惠、税收减免、租金补贴等形式对住房合作社予以支持，合作社共同建房已成为德国住宅建设的主要组织形式之一，德国合作建房总量占每年新建住宅总数的比例已超过30%。通过鼓励自建房和合作建房，建立起多渠道的住房获取渠道，从而摆脱了听任开发商任意定价的局面。

德国历史上也有过房屋极度短缺的时代。"二战"后，西德曾动员全民建房，以缓解因战争破坏住房极度匮乏的窘境。1990年东西德统一后，面对突如其来的严重住房压力，德国政府推行了"建房资金免交企业、个人所得税"的政策，特别是政府鼓励所有公司修建居民住宅，建房投资将全额免交所得税，甚至还提供部分补贴。德国由此掀起了一场"企业建房热"，使得住房供需失衡问题得以一夕解决。事实上，2003年德国各行业公司所拥有的住房超过了260万套，直到2004年，德国能源巨头Eon、钢铁巨头蒂森克虏伯才分别将旗下的13.8万套和4.8万套住房最终出手。

第四，独特的住房金融保障。由于战争对国民经济和住房的严重破坏，"二战"后的德国既是经济困难国家，又是住房十分困难的国家。在百废待兴的情况下，政府拿不出更多的钱用于住房建设，在动员全民建房的同时，推出了德国特有的"合同储蓄"住房金融模式和房贷固定利率机制。

与住房抵押贷款模式不同，德国实行独特的"先存后贷"的合同储蓄模式。这种房贷的实质是"合作"而非盈利，合同储蓄大约占到德国房贷总额一半左右，另外20%为家庭储蓄，仅有30%住房贷款来自于商业贷款。同时，德国所有房贷（包括合同储蓄和商业贷款）都实行固定利率制，储蓄房贷利率低于市场利率且固定不变，商业贷款固定利率期限平均为11年半。这种长期的房贷利率周期，几乎可以抗衡任何金融市场的波动，对房贷市场的稳定发挥了积极作用。与德国形成鲜明对比的是，在采取浮动房贷利率制的国家，无论是美国、英国，还是爱尔兰、西班牙等，房价都出现随利率波动大涨大跌的现象。

同时，德国政府对参加住房储蓄者给予奖励。对建房、购房者在缴纳个人所得税问题上采取优惠政策，政府根据家庭人口、收入及房租支出情况给予居民以适当补贴，保证每个家庭都能够有足够的住房支付能力。据统计，有86%的德国人可以享有不同额度的购房补贴和租金补贴，同时企业也给予雇员储蓄津贴。有效的奖励刺激，使个人拥有住房的比例逐年上升。统一前，东德地区私人住房拥有率仅占5%，目前已上升到27%以上，德国整体私人住房拥有率达到42%。

第五，发达的住房租赁市场。德国家庭自有住房率为42%，租赁住房率达58%，远高于法国45%，英国30%和西班牙约15%的租房比例，其中年轻人中更是77%都是"租房族"。德国发达的住房租赁市场，得益于居民对未来房价的稳定预期以及政府鼓励修建租住房屋、保护房客权益等一系列政策。

除了针对特殊群体的"廉租房"外，市场上同样供应大量商业出租房，政府对房租水平进行严格规范。由于德国规范的租房法，注重保护房客的利益，租房的安全感很高。德国家庭乐于租房，数十年居住在一所出租房中的德国家庭不在少数，并且市场上有大量价格便宜的出租房供应，这对整个房地产市场和住房价格水平的稳定起到了不可忽视的平衡作用。

第六，建立地产价格独立评估制度，对地价、房价、租金等实行

"指导价"制度。各类地产价格并不是由地产商说了算，也不是由政府说了算，而是由独立的地产评估师来评估认定。评估师对自己的评估结果负责30年，对评估中的错误负有法律责任。

除了私人评估师外，德国还按照联邦建筑法成立了各地"房地产公共评估委员会"，其职责之一便是负责制订当地房价和租金的"基准价"或者"指导价"。这为不同地段、不同类型的住房制定了详细的"基准价格"，这类指导价具有法律效力，所有房地产交易有义务参照此执行，在合理范围内浮动。指导价的制定会参考历年市场房价和租金，但任何不具备垄断势力的开发商或炒房者，都不可能单独影响"指导价"的制定。

5. 用法制手段遏制房地产超额收益，剔除房地产投机属性

《孙子兵法》云："不战而屈人之兵，善之善者也"。剔除房地产的投机属性，用法制手段遏制房地产超额收益，是德国实现较低房价和租金并保持长期稳定的核心机制。

德国政府对自用住房和投资住房采取"双轨制"，实行不同政策标准。对于购买或者建造自用住房，政府不仅予以税收优惠，并且提供住房补助。自有自用的住宅不需要缴纳不动产税，只需要缴纳宅基地土地税。但用于出售的房地产，首先要缴纳评估价值1%~1.5%的不动产税，房屋买卖时还要交3.5%的交易税，如果通过买卖获得盈利，还要交15%的差价赢利税。房子的管理、维修等费用也很高。重重税收限制大大压缩了炒房者进行"低买高卖"的利润空间，使其知难而退。对于出租房屋，除缴纳不动产税外，租金收入还要缴纳个人所得税，税率在20%~45%不等（2009年后统一为25%的资本所得税）。由于德国住房租金较低，租房权益得到充分保障，对未来房价上涨预期弱，因此尽管房

价不高，德国人却非常愿意租房，而不愿意购房。据统计，约有58%的德国人选择租房生活，远高于法国45%，英国30%和西班牙约15%的租房比例。发达和充分的住房租赁市场反过来又缓解了住房供给压力，使德国得以长期保持较低的住房价格和住房收入比。

另一方面，德国通过对房价和租金双管齐下，用法律手段遏制房地产超额收益，剔除房地产投机属性，使投机炒作者知难而退，"不战而屈人之兵"。按照德国法律，对于房价、房租超高乃至暴利者，地产商和房东会因所构成的违法行为被罚款，甚至承担刑事责任。为防止开发商和炒房者谋取暴利，德国为不同地段、不同类型的住房制定了详细的"基准价格"，这类指导价具有法律效力，所有房地产交易必须参照执行，在合理范围内浮动。德国法律规定，如果开发商或房东制定的房价超过"合理房价"的20%，即为"超高房价"，构成违法。根据德国《经济犯罪法》规定，购房者可以向法院起诉，如果房价不立即降到合理范围内，出售者将会面临高额罚款；如果开发商或房东制定的房价超出"合理房价"的50%，即为"房价暴利"，触犯《刑法》构成犯罪，出售者不仅将面临巨额罚款，还有可能最高被判处三年徒刑。

与房屋出售价格一样，德国政府对房租也进行了严格限定。所有超过5万人口的城镇，由市政府主管的市政建设部门或与该地区房东和房客协会、房屋租赁和买卖介绍所等机构，根据该地区实际房租情况统计资料来确定该地区的"租房价格表"，公开发表并每两年更新一次，租金应以此为基础在合理范围内浮动。如果房东所定的房租超过"合理租金"的20%，则被视为"超高房租"。根据《经济犯罪法》，房客可以向法庭起诉，不仅房租应立即降到合理范围内，而且房东还会受到巨额罚款；如果房东所定的房租超出"合理租金"的50%，则被视为"房租暴利"，已触犯《刑法》构成犯罪，房东不仅将受到更高罚款，甚至有可能被判处三年以内徒刑。同时，德国对业主提高房租问题也做了严格限制。根据《租房法》规定，3年内房租涨幅不能超过20%，否则便是违法；对于房屋中介，《住房中介法》规定，如果中介商任意提高佣金，一经发现，将被处以高达2.5万欧元的罚金。

德国实行社会市场经济制度，明确了住房的社会福利属性，自有和租赁比例相对均衡，实现并长期保持了较低的租金和房价，实现了国民"居者有其屋"的梦想；通过住房市场总体供需平衡，大中小城市和小城镇均衡发展，中小城市成为城市体系和产业发展重点，实现了就业本地化，降低了居民通勤成本和城市居民居住成本，缩小了地区和城乡差距；同时对住房价格和租金双管齐下，用法律手段遏制房地产超额暴利，剔除房地产投机属性，使炒房者无隙可乘，保持了住房价格和租金的长期稳定，造就了德国房地产市场均衡、稳定、相对便宜的鲜明特点，实现并保持了经济发展和房价稳定的平衡，具有可持续性。

五、以德国为发达地区城市群可持续发展借鉴标杆，实现"又好又快"中国新型城镇化

保持经济增长、环境保护和房价稳定的平衡，缩小区域发展不平衡和城乡差距，是世界各国经济发展过程中面临的一个普遍难题。作为欧洲最大的经济体和人口总量最大的国家之一，德国是世界上城镇化质量最高的国家之一。虽然城镇化速度较快和城镇化率较高，但却很少受到房价高昂、交通拥堵、环境污染等现代"城市病"的困扰，保持了高人口密度下快速城镇化和城镇规模均衡化的平衡，实现了经济发展和环境改善的平衡，成为全球最富有活力和竞争力，以及最适宜工作和生活的地区之一。德国不仅国民生活水平在世界各国名列前茅，而且具备完善的社会保障制度，房价和租金长期保持较低水平，交通顺畅，环境优美，企业高效，城市自信，实现并保持了经济发展、环境改善和房价稳

定的平衡，成为发达国家城镇化可持续发展的典范。

"既要考虑市场竞争的原则，也要顾及社会公共利益的需要"是德国城镇化发展原则。在"均衡城镇发展观"指导下，德国注重区域协调，形成了11个均匀分布的大都市圈城市群，区域发展相对平衡；大中小城市和小城镇均衡发展，产业布局和公共服务均衡发展，缩小了地区和城乡差距，保持了经济发展、环境改善和房价稳定的平衡，具有可持续性。国家层面，德国通过积极发挥政策引导作用，向落后的原东德地区倾斜，缩小了区域发展不平衡；区域层面，注重大中小城市和小城镇均衡发展，形成若干功能互补的城市群，实现了区域内的平衡发展和共同富裕；城市发展方面，中小城市成为产业分布的主体，注重培养和发展特色产业，以特色主导产业支撑和引领城市发展；以土地整理和村庄更新为主要形式，基本实现城乡同步发展，实现了乡村城镇化的可持续性；规划先行，三级联动，实现"不仅专业，而且富有远见"的城市规划；大力拓展公共交通和轨道交通，改变人们出行模式，追求城市交通的可持续性；注重文化传承和环境保护，通过城乡互融和社会融合，实现人的城镇化；"居者有其屋"，炒房者无隙可乘，保持经济发展和房价稳定的平衡，实现了房地产业的可持续性。

荀子曰："吾尝终日而思矣，不如须臾之所学也；吾尝跂而望矣，不如登高之博见也。登高而招，臂非加长也，而见者远；顺风而呼，声非加疾也，而闻者彰。假舆马者，非利足也，而致千里；假舟楫者，非能水也，而绝江河。君子生非异也，善假于物也。"

作为一个国土面积35.7万km^2，人口总量8200万，人口密度229人/km^2的国家，就其国土面积、人口总量和密度来看，德国与中国发达地区城市群具有可比性。然而，德国以仅与中国一个区域城市群可比的面积和人口总量，成为世界第二大进口国和第三大出口国，在当今科技、教育、医疗、工业等诸多方面居于世界领先地位，经济发展引领西方发

中国城镇化——历史借鉴、国际融合与本土实践

达国家，其经济成就、科技成果、世界地位、政府治理和城镇化发展水平令人钦佩。德国追求区域协调和共同富裕，注重大中小城市和小城镇均衡发展的大都市圈城市群城镇化模式对今日中国城镇化具有借鉴意义，有潜力成为中国发达地区城市群可持续发展的学习榜样。

根据最新发布的世界经济论坛《全球竞争力报告2016~2017》"世界主要国家和地区全球竞争力指数排名"，2016年德国全球综合竞争力排名第5，仅次于瑞士、新加坡、美国和荷兰。在某种程度上说，德国与新加坡的发展理念在本质上有很多相似之处，但德国的范围更大、覆盖面更广、层次更复杂，从单个城市扩大到了都市圈城市群，乃至一个国家，相当于新加坡模式的扩大版和升级版。如果说新加坡有潜力成为中国大城市可持续发展的学习标杆，那么，德国则有潜力成为中国发达地区城市群可持续发展的学习榜样。

六、参考案例

鲁尔区：区域城市群发展和区域经济转型升级样板

鲁尔区是德国最大的工业区，也是世界最重要的工业区之一，被誉为"德国工业的心脏"。鲁尔区并不是一个独立的区域，通常指鲁尔煤管区规划协会所管辖的地区。其位于德国西部北莱茵—威斯特法伦州境内，莱茵河下游支流鲁尔区与利珀河之间的地区，面积4593km²，占全国面积的1.3%，人口达570万，占全国人口的9%；区内人口和城市密集，核心地区人口密度超过每平方公里2700人；区内5万人口以上的城市24个，其中艾森、多特蒙德和杜伊斯堡人口超过50万，稠密的工厂、住宅和交通网交织在一起，形成连片的城市带（图2-5）。

鲁尔区既是生产中心，又是消费中心。以鲁尔区为核心，方圆100km内，集中了5个50万~100万和24个10万~50万人口的城市，鲁尔区

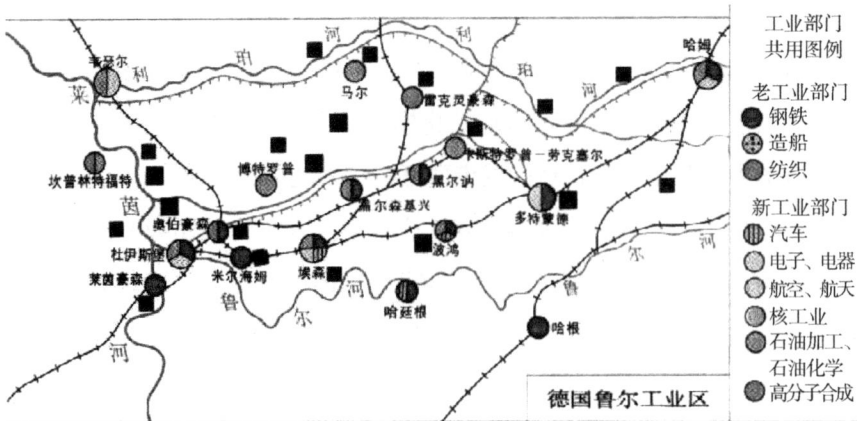

图2-5 德国鲁尔工业区

生产的70%以上的煤炭和钢铁在此范围内加工和消费，是德国最大的生产中心和消费中心。其中，埃森是鲁尔区最大的工业中心，人口61.5万，现为鲁尔区最大的机械制造和电气工业中心；杜伊斯堡人口55万，是欧洲最大的河港，也是鲁尔区对外联系的门户，拥有3000万吨钢铁生产能力，有"钢铁城市"之称；多特蒙德人口59万，是鲁尔区发展历史悠久的采煤和钢铁工业中心，随着鲁尔区钢铁工业的西移，这里将发展成为多种工业中心，以啤酒酿造、重型机械、化学和电子工业最为重要。

1. 发展历史

鲁尔区是在鲁尔煤田的基础上发展起来，以采煤工业起家的工业区。随着煤炭的综合利用，逐步发展了炼焦、电力、煤化学等工业，进而促进了钢铁、化学、机械制造业等工业的发展。鲁尔区煤炭资源非常丰富，煤炭地质储量为2190亿吨，占全国总储量的3/4，其中经济可采储量约220亿吨，占全国90%。鲁尔区的煤炭煤质好，煤种全，含硫低，发热量高，开采条件好。

随着工业革命的到来，煤炭产业的兴起和发展，鲁尔区逐步成为了欧洲主要的工业基地。而铁路、公路、运河组成的综合交通网的形成，更促进了鲁尔工业区的蓬勃发展。鲁尔区的重工业和资源对德国国民经济起着举足轻重的作用，是德国发动两次世界大战的物质基础，战后又在西德经济恢复和经济起飞中发挥过重大作用，工业产值曾占到德国的40%。

"第二次世界大战"以后，战败后的德国经济一派萧条，加之煤炭资源日趋枯竭，重化工经济结构的弊端越发明显，传统的煤炭工业和钢铁工业开始走向衰落。很多煤矿和钢铁厂纷纷倒闭，大批的工人开始下岗失业。据有关资料介绍，1957~1968年原联邦德国国民生产总值增长147.8%，而鲁尔区仅增长了80%。1974~1975年世界范围的经济危机给钢铁工业以沉重打击，钢铁业开始走向衰落，至20世纪80年代末期，整个鲁尔区的煤炭和钢铁工业都陷入了严重的结构性危机。

2. 经验借鉴

20世纪60年代，鲁尔区开始实施综合整治的总体规划，主要从 5 个方面进行：

（1）产业结构调整：改变单一经济结构，使区域经济发展走向多元化

鲁尔区的改造始于1968年，首先从产业结构调整入手，对传统的老矿区进行清理整顿。1969年，鲁尔区26家煤炭公司联合成立鲁尔煤炭公司，对整个鲁尔煤田重新规划，调整产品结构和提高产品技术含量，对那些生产成本高、机械化水平低、生产效率差的煤矿企业进行关、停、并、转，并将采煤业集中到盈利多和机械化水平高的大型企业中去，统一部署，实行全盘机械化。对钢铁和冶金业的布局进行了调整，并不断提升传统产业的科技含量。对其他大型企业改革也实行渐进的方式，采

取基本稳定的态度，对于大企业的破产相当慎重，以免引起社会震荡。

同时，为使鲁尔区的经济结构趋向多元化和产业升级，联邦、州政府及鲁尔区煤管协会竭尽全力改善鲁尔区的投资环境，努力吸引外来资金和技术。在加快老企业升级改造的同时，大力扶持化学、汽车、机械制造、信息通信、环保工业等新兴产业，零售、旅游、法律咨询、广告、多媒体等各种新兴服务产业也百花齐放。目前，鲁尔区有15万个规模不等的企业，大部分是第三产业。同时，为了促进高新技术的发展，北威州规定，凡是信息技术等新兴产业企业在当地落户，将对大型企业和小型企业的投资者分别给予28%和18%的经济补贴。优惠的政策和强有力的扶持措施，使得信息、电信等新兴产业蓬勃发展，鲁尔区在信息技术领域中的发展速度在全国遥遥领先。

经过多年的努力，鲁尔区目前已从传统的"煤钢中心"逐步转变成为一个煤钢等传统产业与信息技术、服务业等新经济产业相结合，多种行业协调发展的新型经济区，其中煤、钢两大部门职工人数从20世纪50年代初占工业部门总数的60%降至90年代初的33%，第三产业部门的比重则从30%上升为56%，产业结构调整取得明显成效。

（2）产业布局调整：突破原有束缚，优化产业布局

鲁尔区早先的产业布局都以接近原料地——鲁尔煤田为原则，到"二战"以前，基本形成以中部为核心，东西延伸的工矿区。尤其是从杜伊斯堡—多特蒙德条状地带，城市鳞次栉比，已找不到大面积的空地。为了改变这一状况，在20世纪60年代区域总体规划中提出了划分三个不同地带，平衡全区生产力布局的设想，并规定在布局新企业时应首先考虑到安排在边缘发展地带，同时控制杜伊斯堡、艾森等大城市的发展，有计划地从核心地区向外缘迁移。

针对区内钢铁工业所用的几乎全是进口铁矿的新趋势，以最低运费为原则，为就近获得通过鹿特丹港进口的铁矿石，钢铁工业日益集中到

西部，杜伊斯堡成为名副其实的"钢铁城市"，电力生产主要集中在费巴和莱茵—威斯特法伦电力股份公司，化学工业则集中在休斯、舒尔文和格尔贝克三家化学公司。通过开发原来相对落后的莱茵河左岸和鲁尔区北部，同时拓展南北向交通网，目前整个鲁尔区的生产力布局已突破原来的鲁尔煤田范围束缚，向西（越过莱茵河）向北（越过利伯河）发展。同时，鲁尔区城市的发展也经历了从单一的煤矿城市—钢铁城市—化工城市—综合性城市的发展道路，城市规划从早期的杂乱无章的无规划状态向全面规划的现代化城市发展。

（3）科研与实践相结合，促进科学技术转化为现实生产力

为了适应产业转型对人才和技术的需求，从1961年开始，鲁尔区开始兴起建设大学的浪潮，在波鸿、多特蒙德等城市陆续兴建大学。当代鲁尔区已经成为欧洲境内大学密度最高的工业区，拥有15所高等院校，14多万名大学生，其中对区域经济有重要影响的理工科和经济专业学生占学生总数的63.5%，高出全国平均水平12%。这些高校和研究所注重与当地经济发展相结合，针对各地发展方向和特色资源，大力开展应用技术研究，不断输送技术成果，在促进产业结构的转型过程中发挥了重要作用。鲁尔区几乎所有的城市都建有技术开发中心，目前全区共有30个技术中心，600个致力于发展新技术的公司，重点培育12个新兴产业，比如电子、信息技术、医药、环保等新型或高科技产业。以环保产业为例，目前鲁尔区所在的北威州拥有1600多家环保企业，已成为欧洲领先的环保技术中心。

科研中心和生产中心紧密结合是德国科学技术领先于世界的法宝。鲁尔区拥有一个把技术转化到市场应用的完整体系，许多大企业都有自己的科研机构，并根据企业特点和国际国内市场行情制定自己的科研计划，而所有的大学和研究所都有"技术转化中心"，帮助企业将技术转化为生产力。为加强科研界与经济界的合作，从多特蒙德，经波鸿、埃

森、哈根直到杜伊斯堡建立一条横贯全区的"技术之路"，把区内的经济中心和研究中心联系起来，以加快科研成果的应用，并建立"鲁尔区风险资本基金会"，为新技术企业提供资金和咨询。同时，政府还在鲁尔区建立了许多风景优美的高科技园区，并为在这里落户的企业提供支持，新成立的公司能得到低息贷款或部分无偿援助等优惠，中小型公司尤其得到关照。

（4）完善交通基础设施建设

鲁尔区铁路网密集，运营里程达9850km，占全国近1/5。铁路多东西走向，从巴黎通往北欧和东欧的铁路，由本区通过，哈根是德国最大的货运编组站。鲁尔区公路和高速公路更是纵横交错，四通八达，是区内及其他工业区联系的纽带，从德国西部通往柏林和荷兰的高速公路均从区内通过。鲁尔区公路汽车行驶的密度为全国平均密度的一倍，达每公里55辆。鲁尔区的室内交通设施也很完善，以多特蒙德为例，这个城市除了公共汽车以外，还有4条轻轨线，6条地铁线，2条街车线。

虽然鲁尔区地处内陆地区，但它有着便捷的水运条件，特别是莱茵河纵贯全区南北，通海航运，使得它与沿海地区同样具有廉价运费优势。鲁尔区在水运优势的基础上搞好水陆联运，加速南北向交通线路的建设，组成了统一的运输系统，将区内彼此分隔的工业区和城市紧密衔接起来，对全区的综合开发和经济发展做出了重要贡献，其中杜伊斯堡也因为鲁尔区的崛起而成为世界第一大内陆河港。

（5）重塑田园都市风光，拓展区域产业新功能

卓有成效的环境整治工作是鲁尔新面貌的关键因素。政府投资设立环境保护机构，颁布环境保护法令，统一规划。首先改造河流，解决水污染问题。在长达100km的河面上先后建立起4个蓄水库，108个澄清池，净化污水，并在埃姆舍河口设立微生物净水站。其次，在全区设立空气质量监测系统，各工厂设置了回收有害气体和灰尘的装置，使大气污染

得到了有效的控制。

为了美化环境，提高生活质量，鲁尔区制定了营造"绿色空间"的计划。全区进行了大规模的植树造林，昔日满目荒凉的废矿山披上了绿装，塌陷的矿井成了碧波荡漾的湖泊，整个矿区共有大小公园3000多个，绿荫环抱，一派田园风光。20世纪60年代提出的"鲁尔河上空蔚蓝色的天空"的梦想早已成为现实。

同时，积极开发工业传统资源，传统产业焕发新风采。从1989年提出"IBA计划"，经过长达10余年的探索，通过将博物馆、休闲公园、购物旅游开发相结合和将传统工业区转换成现代科学园区、工商发展园区、服务产业园区等模式，鲁尔区走过了一条从零星景点的独立开发到统一规划的区域开发模式。1998年，规划机构制定了一条连接全区景点的"工业遗产之路"，这条区域性旅游路线连接了19个工业旅游景点，6个国家级博物馆和12个典型工业城镇等，规划了25条旅游线路，几乎覆盖了整个鲁尔区。鲁尔区同时将有关工业遗产和工业文化申报世界文化遗产，并获此殊荣。通过对工业遗产旅游资源的再开发，工业旅游成为地区新时尚和新兴产业，鲁尔区也华丽转身，2010被评为"欧洲文化首都"，成为第一个以区域名义获得该称号的地区（图2-6）。

图2-6　鲁尔工业区新貌

3. 结束语

鲁尔区在其经济发展过程中经历了由资源开发到资源枯竭，由钢铁振兴到企业没落的经济阵痛。"二次世界大战"以前，由于煤炭资源丰富，钢铁市场需求强劲，鲁尔区成为"德国工业的心脏"，是德国发动两次世界大战的物质基础。战败后，德国经济一片萧条，尤其20世纪50年代以后，传统的煤炭工业和钢铁工业走向衰落，再加上新技术革命浪潮的冲击，以重化工业为主导的传统工业区纷纷陷入严重衰落危机，鲁尔区也不例外。

但是通过产业结构调整，完善交通建设，发展新兴产业和美化环境等手段，鲁尔区经济迅速走出低谷。从以传统煤炭和钢铁为中心的资源型生产基地，转变为以煤炭和钢铁为生产基地，以电子计算机和信息产业技术为龙头，多种行业协调发展的新型经济区。经过近半个世纪的持续不断努力和完善，鲁尔区不仅没有衰落，反而继续保持良好发展势头，显示出强大生命力，成为资源型城市成功转型升级的经典案例。目前，鲁尔区生产全国80%的硬煤和90%的焦炭，集中了全国钢铁生产能力的2/3，电力、硫酸、合成橡胶、炼油能力、军事工业等均在全国居重要地区。同时，鲁尔区环境优美，工业文化底蕴深厚，成为欧洲境内大学密度最大的工业区，在电信、通信等新兴产业的信息技术领域中，其发展速度也遥遥领先。今日鲁尔区正朝着一个既有强大传统工业为基础，又有日渐壮大的新兴产业为增长点的新型综合产业区方向发展。

1989年，德国慕尼黑经济发展研究所对欧洲共同体11000家企业和区域研究专家的调查结果表明，鲁尔区是欧洲产业区位条件最好的地区之一；1990年12月，美国华盛顿人口危机委员会发表了世界100个特大城市和产业人口密集区生活质量的评估报道，按生活质量和等级排序，鲁尔区名列世界第二位。今日鲁尔区不仅继续在德国经济中占有重要地位，也成为生活质量最高的地区之一，实现了经济发展和生活品质的平衡，具有可持续性和借鉴意义。

第三章

历史上的美国　中国城镇化的国家
样本和扬弃发展

美国国土面积与中国相近，人口众多，是个多文化和多民族的国家，与中国具有一定可比性。同时，美国在历史发展进程中，由于很少外来偶然或不确定因素的干扰，城镇化发展脉络清晰，带有一定的"原型"特征和普遍性规律，具备成为中国城镇化国家样本的潜力。2015年美国人口总数达3.21亿，城镇人口比重超过80%，GDP总计达到18万亿美元，人均55837美元，是全球最大的发达国家，也是城市发展最早和城镇化率最高的国家之一。

一、美国城镇化发展历程

美国城镇化发展历程主要分为三个阶段：

（1）早期：城市化（Urbanization），向心集聚，由小到大，迅速聚集，大城市为主导；

（2）中期：城市郊区化（Suburbanization），离散扩展，由集中到分散，大城市周边中小城镇和"边缘城市"崛起；

（3）成熟期：城乡一体化，融合形成大都市区（Metropolitan），大都市区内中小城镇发展迅速，并扩展融合产生以大都市区为核心的巨型城市带（Megalopolis，也称城市连绵区）。

美国居住在城镇地区人口百分比（1800~1990年）见图3-1。

回顾美国200余年的城镇化发展历史，可以将其分为以下几个主要阶段：

1. 城镇化发展初始阶段：零星散落型（1776~1840年）

美国城市的发展始于殖民地时期，欧洲移民使得城市在美国东海岸最早得到发展。1776年，美国在政治上得到独立，在经济转型的促进

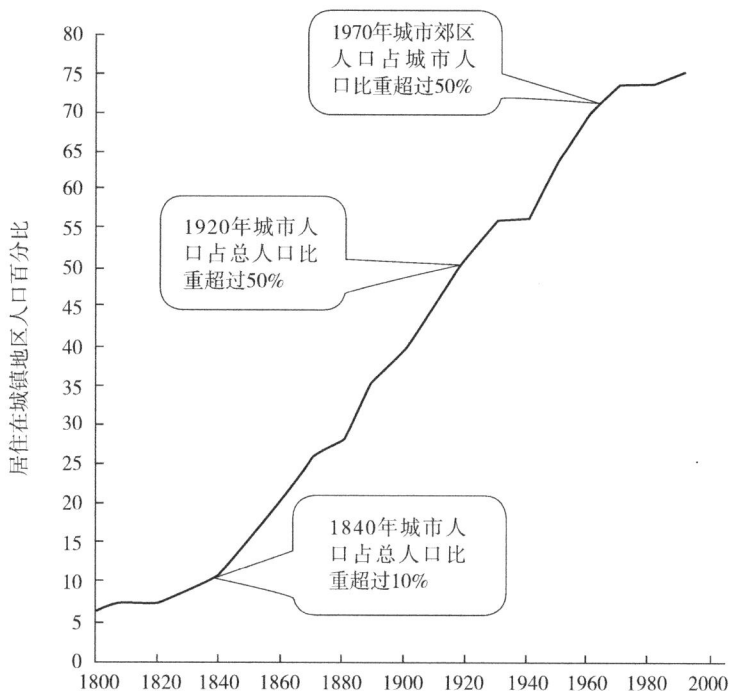

图 3-1　美国居住在城镇地区人口百分比（1800~1990 年）

资料来源：Urban Economics（Third Edition），Arthur O'Sullivan

下，美国人口从1790年的不到400万人增加到1840年的1710万人，城市人口比重超过10%，标志着美国城市系统的初步形成。

2. 城市化加速发展阶段：向心集中型（1840~1920 年）

19世纪40年代美国开始了第一次工业革命，其后的80余年是美国工业革命和城市发展的最重要时期，被称为"美国由农村搬入城市"的转型期。工业化和城市化加速且基本同步进行，海外移民和农村人口向城市聚集，实现了从小规模到大规模工业化，以大城市为主导的城市化成为城市发展的主流思想。

南北战争前，美国最重要的交通建设为运河和铁路，加速了对中西部（尤其五大湖区）的拓展，城市人口比例从1840年的10.8%增加到1960年的19.8%左右，城市化进程逐渐进入加速阶段。南北战争后至20世纪初，美国经济发展突飞猛进，城市化速度也最为迅速。城市的大规模兴起，创造了大量就业机会，吸引了大批移民和农村人口向城市，尤其是大城市，流动聚集。据统计，1851~1919年，平均每年有39万外国移民涌入美国，其中大部分前往纽约等大城市；1910年，全国4200万城市人口中约有1100万是由农村流入城市的。

进入20世纪后，有轨电车和高架铁路的出现，使美国城市化进程突飞猛进，数量剧增，规模迅速扩大。1920年美国总人口超过1亿人，城市人口比例上升至51.2%，城市人口超过农村人口，标志着美国城市化基本完成。其中纽约、芝加哥等综合性特大中心城市居于金字塔顶端，成为全国的政治、经济和文化中心，在全国城市化体系中处于主导地位。

3. 城市郊区化阶段：分散扩展型（1920~1970 年）

1920年是美国城镇化发展进程中的一个重要标志性时刻和转折点。以纽约、芝加哥为代表的大城市主导的城市化基本成型，城市结构大多为：高楼大厦分布在市中心，仓库、交通位于市中心周围，用地沿交通线向外延伸，居住区向外发展等。

工业化和城市化促进了城市经济的快速发展，但也造成了巨大的城乡差距。同时随着城市规模越来越大，人口越来越多，交通拥挤、房价高昂、住房紧张、环境污染等大城市病开始显现出来。1920年，美国开始城市郊区化进程，人口迁移从之前的农村到城市逐渐转变为从城市中心向郊区，城市发展出现由集中转为向外扩展、分散的特征。尽管城市郊区化进程在20世纪三四十年代由于经济萧条和战争增长缓慢，但"二次世界大战"结束后，尤其是50年代以后，美国重新开始并且加快了城市郊区化的进程。

美国50年代提出了在郊区建设小城镇的观点，20世纪50~60年代是美国住宅郊区化的高潮阶段。出于追求更好居住环境和更安全的社区，富有阶层成为郊区化的先行者，接着大量中产阶级开始搬入新的郊外开发区居住，完成居住功能郊区化，但每天仍要到市中心工作、购物和娱乐。

随着郊区人口的增多，20世纪60~70年代开始，大规模的购物中心等商业配套、服务业和教育娱乐设施逐渐落户于城市郊区，人民不必再为购买生活用品而专程返回市中心商业区。商业、教育和服务等配套设施的完善便利进一步促进了市区人口向郊区的迁移，并逐渐引导工业郊区化，工业园区和新兴产业逐渐兴起，城市郊区自立程度越来越高，由单纯的居住功能演变成具有各种城市功能的综合中心。

始于1920年，"二战"后加速的城市郊区化一直持续到20世纪70年代，这一阶段人口迁移主要是城市（尤其大城市）市区人口向郊区分散，改变了之前由农村向城市聚集的流向。城市郊区化缓解了城市中心人口密集、交通拥挤、住房紧张、房价高昂、环境污染等问题，改善了城市生活质量，缩小了城乡差别，并促进大都市区的逐步形成。汽车的普及、州际高速公路计划和住房贷款政策有力促进了城市郊区化，以洛杉矶为代表的城市郊区化和多中心发展成为美国城市发展的主流。如图3-2所示。

4. 城乡一体化：大都市区形成和发展（1970~　　）

1970年，美国城镇人口占总人口比例达到73.6%，城市郊区人口超

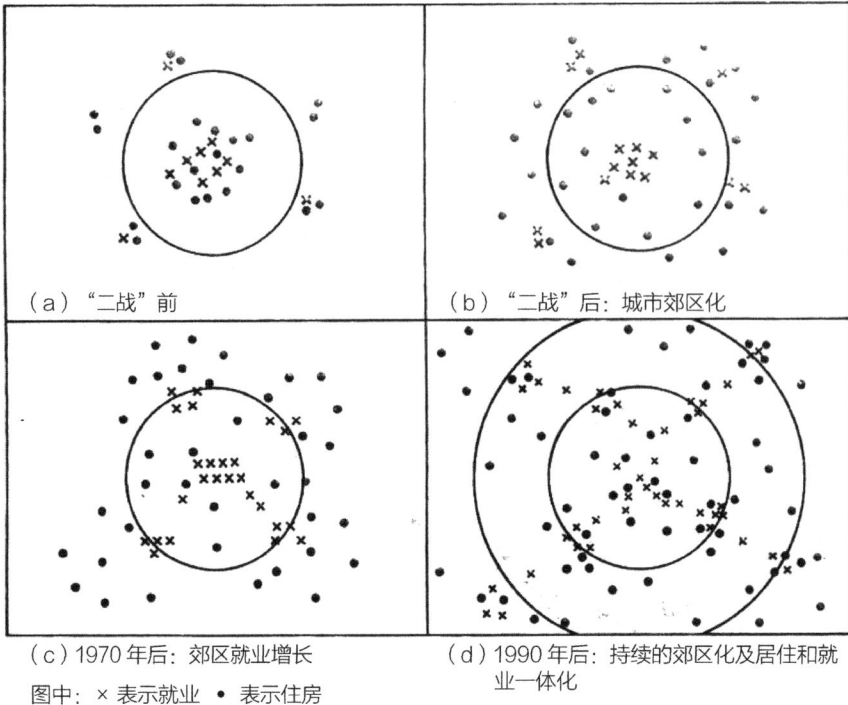

（a）"二战"前　　　　　　　　（b）"二战"后：城市郊区化

（c）1970年后：郊区就业增长　　（d）1990年后：持续的郊区化及居住和就
　　　　　　　　　　　　　　　　　　　　　　业一体化

图中：× 表示就业　• 表示住房

图 3-2　美国城市郊区化进程

资料来源：Residential Development Handbook（Third Edition），Urban Land Institute

过中心区人口，成为美国城市发展进程中另一个重要转折点。城市发展关注点从量的扩张转换到质的提升，整个20世纪70年代，美国整体城市发展速度放慢，城镇人口比重仅提高了0.1%；人口继续从城市中心向郊区迁移，且城市郊区人口比例越来越高，并组成整个大都市区人口的一部分，城乡一体化日益融合，多中心城市空间结构逐渐形成，大都市区初见雏形，进入城市发展的成熟期阶段。

　　20世纪70年代开始，许多大公司纷纷将自己的总部迁往郊区，新兴产业也在郊区兴起。20世纪80年代后，随着高新技术的发展，把更多的资本，技术带往郊区，加速了郊区城镇的开发力度，许多美国郊区的城镇中心由此而成为具有复合城市功能（集居住、购物、办公、教育、休闲、娱乐等于一体）的"边缘城市"（Edge City）。据统计，美国大约有200多个"边缘城市"，全美2/3的写字楼都建在了"边缘城市"，而且多数写字楼是在20世纪80年代中后期开始建设的。

在美国，传统的都市中心和它的郊区"边缘城市"共同构成的多中心城市群的区域被称为大都市区。大都市区是一个大型的人口中心以及与该中心有较高经济、社会整合程度的社区，是城市发展到高级阶段的产物，已经成为美国所有地区的主要发展模式和社会生活主体。2000年，美国大都市区人口近2.2亿人，占全国总人口的80%以上，大部分居住在城市郊区的中小城镇或"边缘城市"。美国城镇化成熟期主要表现为大都市区的优先发展，并不断融合发展成为大都市连绵带。目前，美国已形成以纽约为中心，北起波士顿，南至华盛顿哥伦比亚特区的大西洋沿岸大都市带，以芝加哥为中心的中西部五大湖区沿岸大都市带，以洛杉矶和旧金山为主体的太平洋沿岸大都市带三大城市带，这三个大都市连绵带的人口几乎相当于全国总人口的一半，在美国南部的墨西哥湾地区，以特大城市休斯敦为主体的休斯敦—达拉斯大都市连绵带也正在形成之中（图3-3）。

二、美国城镇化发展进程的借鉴和扬弃

纵观美国200余年经历的"集聚、分散、融合"的城镇化发展过程有以下几个特点：

（1）美国城镇化发展经历了发生、发展和成熟三个阶段，其中城市化初期阶段（城镇人口<10%）变化速度缓慢，发展阶段（城镇人口10%~70%，其中30%以后为加速发展期）变化速度加快，成熟阶段（城镇人口>70%）变化速度又趋缓慢，与世界城市发展的一般规律一致；

（2）美国城镇化发展经历了城市由小到大，迅速聚集，然后又经历

AK 65.6

MT 54.1　ND 55.9　MN 70.9

OR 78.7　ID 66.4　　SD 51.9　WI 68.3

WY 65.1　　NE 69.8　IA 61.1　MI 74.7　PA 77.1

KS 71.4　MO 69.4　OH 77.4　IN 70.8　WV 46.1　VA 73.0

NM 75　OK 65.3　AR 52.5　KY 55.8　NC 60.2　SC 60.5

MS 48.8　AL 55.4　GA 71.6

LA 72.6

HI 91.5

VT 38.2　ME 40.2
NH 59.3　MA 91.4
RI 90.9
CT 87.7
NJ 94.4
DE 80.1
MD 86.1
DC 100

■	90.1~100.0
▨	80.1~90.0
▨	70.1~80.0
▨	60.1~70.0
▨	50.1~60.0
▨	40.1~50.0
▨	30.0~40.0

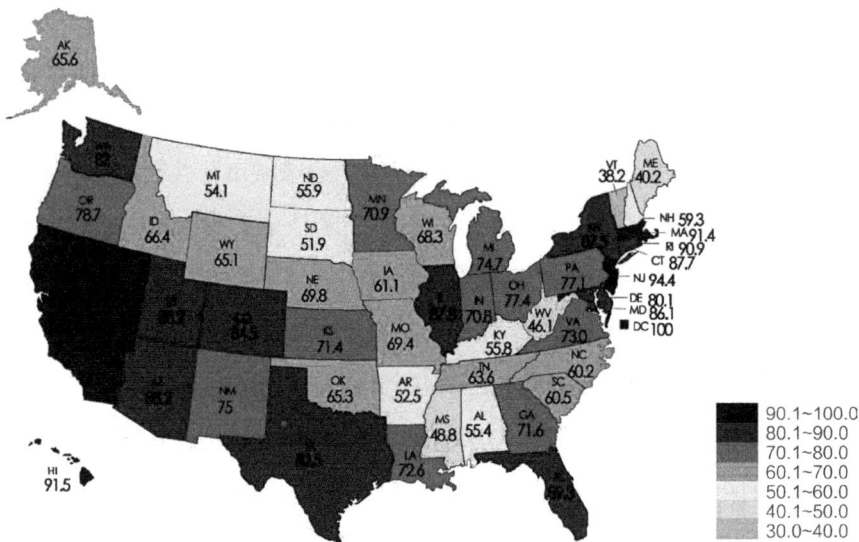

AL-亚拉巴马	FL-佛罗里达	LA-路易斯安那	NE-内布拉斯加	OK-俄克拉何马	VT-佛蒙特
AK-阿拉斯加	GA-佐治亚	ME-缅因	NV-内华达	OR-俄勒冈	VA-弗吉尼亚
AZ-亚利桑那	HI-夏威夷	MD-马里兰	NH-新罕布什尔	PA-宾夕法尼亚	WA-华盛顿
AR-阿肯色	ID-爱达荷	MA-马萨诸塞	NJ-新泽西	RL-罗得岛	WV-西弗吉尼亚
CA-加利福尼亚	IL-伊利诺伊	MI-密歇根	NM-新墨西哥	SC-南卡罗来纳	WI-威斯康星
CO-科罗拉多	IN-印第安纳	MN-明尼苏达	NY-纽约	SD-南达科他	WY-怀俄明
CT-康涅狄格	IA-艾奥瓦	MS-密西西比	NC-北卡罗来纳	TN-田纳西	
DE-特拉华	KS-堪萨斯	MO-密苏里	ND-北达科他	TX-得克萨斯	
DC-哥伦比亚特区	KY-肯塔基	MT-蒙大拿	OH-俄亥俄	UT-犹他	

图 3-3　美国各州城镇化率

资料来源：U.S. Census Bureau. Statistical Abstract of the United States: 2011[R]. 2012.
　　　　　Population, p36. http://www.census.gov/prode/2011pubs/11statab/pop.pdf
图片来源：周干峙，邹德慈. 中国特色新型城镇化发展战略研究第一卷. 北京：中
　　　　　国建筑工业出版社，2014

了城市郊区化，由集中到分散，并最终城郊一体化，融合形成以大都市区为核心的巨型城市带；

（3）美国的人口迁移先经历了由农村到城市，小城市到大城市的集聚过程，在1920年以大城市为主导的城市化体系基本形成后，又经历了由城市向郊区，由大城市向周边中小城镇迁移和"边缘城市"形成过程，并最终融合形成城乡一体化的大都市区；

（4）人口迁移随着产业发展而变化。以商业贸易为城市化动力催生

了纽约为中心的东部城市带，工业化造就了芝加哥为中心的中西部城市带，而国防工业和高科技产业发展则成就了洛杉矶为代表的西部城市带；新兴城市产业类型经历由港口贸易、工业生产、高科技和服务业的转变，人口也随着产业的变化而先东北部聚集，然后中西部，最终向新兴的西部和南部的迁移历程。

美国城镇化发展过程同美国特殊的政治、经济、历史、地理和其他息息相关，但反映了世界城市发展的一般规律，其经验和教训对与美国国土面积相似，人口众多，仍处于发展阶段的中国城镇化具有借鉴意义。

1. 城镇化发展不等于大城市化，而是分阶段表现出"集聚、分散、融合"的不同特点

从图3-4中可以看出，在城镇化发展早期，100万以上人口的大城市增长最快，1930年左右达到顶峰，人口占比超过12%，位居各类城市首位，但自此之后比例逐年下降，1980年排名已降至第四；而人口2.5万~5万，5万~10万，10万~25万的中小城镇在1880年人口比例均不足5%，但

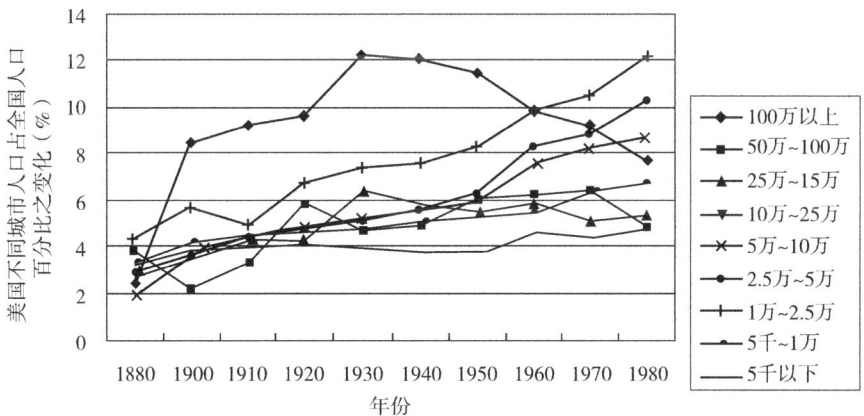

图3-4 美国各种规模城市人口占全国总人口百分比之变化（%）

资料来源：《城市规划与城市化》，机械工业出版社

一直保持持续上升，1980年已占据了排行榜的前三位，其中10万~25万人口的城市位居首位，占全国人口比例达到12.2%。

美国200余年的城镇化发展的历程表明，城镇化发展不等于大城市化，而是先后经历"集聚，分散，融合"三个阶段，并且表现出不同特征。发展初期（城镇人口比例＜50%），大城市主导是城市发展的主流思想，如纽约、芝加哥；中期（城镇人口比重50%~70%）城市郊区化开始，大城市周边边缘城市逐渐成熟，城市郊区化和多中心发展成为主要形式，如洛杉矶；在成熟期（城镇人口比重＞70%），城镇化发展重点转为质的提升，城乡一体化融合成为主流，中小城镇，尤其是大城市周边的中小城镇和位于大城市之间的中小城镇，融合成为大都市区和巨型城市带，成为当今美国城市发展的主流，如旧金山—洛杉矶—圣迭戈城市带。

美国地理学家诺瑟姆通过对各个国家城市人口占总人口比重的变化研究发现，城镇化发展进程具有阶段性，全过程呈一条稍拉平的S形曲线，被称为S形规律。第一阶段为城镇化的初期阶段，城镇人口增长缓慢；当城镇人口比重达到总人口的10%以上为城镇化起点，城镇化进程逐渐加快；城镇人口超过30%时进入黄金期阶段，城镇化进程出现加快趋势；城镇化达到50%时成为城镇化国家，但此后城镇化仍将保持一段增长时期，一直持续到城镇人口超过70%以后才会趋缓，进入城镇化成熟期阶段。

从世界城镇化发展的一般规律看，这也是经过几十年城镇化加速发展期，城市发展到这一转折点时的普遍现象。美国城镇化发展历程符合世界城镇化发展的一般规律，这一规律和美国城市发展所经历的"集聚、分散、融合"的三个阶段对中国城镇化发展进程具有借鉴和指导意义。

2. 人口随产业发展而迁移变化，城市模式与产业构成息息相关

根据美国著名经济学家库兹涅茨（Simon Juznets）的研究，世界各

国产业结构演变的一般规律，是随着经济的发展，从农业社会或贸易社会转向工业社会，再从工业社会转向后工业社会或服务经济社会，美国城市和区域发展历程也符合这一发展规律。美国的城市和区域经济发展是与美国的开发同步进行的，自东向西，依次推进，最后遍及全美，具有明显的阶段性开发特征。以商业贸易为城市化动力催生了纽约为代表的东部城市带，工业化造就了芝加哥为代表的中西部城市带，而国防、高科技和服务业发展则成就了以洛杉矶为代表的西部城市带。

在殖民地时期，首先以商业贸易为动力，兴起了以波士顿、费城、纽约和查尔斯顿为基础的四大经济中心，这些城市无一例外都分布在大西洋沿岸的港口。

19世纪初至美国内战前，是美国经济的第一个高涨时期。纽约以其位于大西洋沿岸城市中间点的有利位置，一方面大力打造港口，开凿运河和铺设铁路向西扩展，成为美国头号商业大埠；另一方面，积极培育工业、商业、金融业，银行与证券交易空前活跃，整体经济实力迅速增强，成为全国首位性城市和北美经济发展中心。

19世纪后期是美国工业化与城市化的鼎盛时期。以芝加哥为代表的中西部城市迅速完成了由传统商业贸易城市向以大机器工业为基础的工业城市的过渡，异军突起，成为"工业城市化"的典范，成为全国主要城市化中心。1920年，中西部人口总量超过东北部，拥有全国十大城市中的一半，其中芝加哥在全国位居第二，达到巅峰状态。

中西部城市于20世纪20年代开始盛极而衰，美国增长的热点地区转向西部和南部的"阳光带"地区。尤其"第二次世界大战"以后，在联邦政府国防工业巨额投资和20世纪60年代高科技革命的刺激下，一大批新兴产业（如石油、航空航天、信息技术等）等在西部和南部城市蓬勃发展，被誉为"阳光带"，与陷入衰退困扰被冠以"冰雪带"的中西部和东北部传统工业中心形成鲜明对比；另一方面，"阳光带"城市气候宜人，光照充足，风景秀丽，巨大的养老和旅游需求进一步促进了城市和区域的蓬勃发展，美国城市和区域经济结构发生了根本性变化。1980年，美国西部和南部人口超过东北部和中西部，成为新的历史转折点。其中西部城镇人口比例达到83%，高于全国73%的平均水平；2000年全国10大城市中，有6个位于西部和南部，其中洛杉矶位居第二，美国西部无论城镇化程度、规模、人口和经济发展均后来居上。

产业发展决定人口流向。美国经济发展自西向东，依次推进，人口也随着经济发展而持续向西迁移。首先海外移民由于商业贸易的发展在以纽约为代表的东海岸城市聚集，随着工业化进程向以芝加哥为代表的中西部城市迁移，最后随着国防、高科技和服务业在西部和南部崛起，吸引了越来越多的人口和就业，人口再次从传统的东北部和中西部核心地区向新兴的西部和南部"阳光带"城市迁移。

产业发展不仅决定人口流向，也与城市发展模式息息相关。金融产业需要集聚（如纽约，图3-5），而国防和高科技产业分散更适宜（如洛杉矶，图3-6），因此产生了不同的城市发展模式。"产业兴，城市旺；产业衰，城市败"。纽约，因商业贸易的集聚需求而产生，因成功打造金融产业而保持持续繁荣；芝加哥，因工业化繁荣而辉煌，也因工业化衰落而被超越；洛杉矶，国防和高科技的发展促进了城市郊区化和多中心模式的形成，异军突起，成为美国后工业时代新型城市典范。

图3-5 纽约：集聚型城市

图3-6 洛杉矶：分散型城市

中国城镇化——历史借鉴、国际融合与本土实践

美国的城镇化发展和区域经济是一部由东向西，依次推进的过程，具有明显的阶段性特征（表3-1）。经过100余年的产业发展和人口迁移，美国城镇化发展经历了"集聚、分散、融合"三个阶段，区域发展经历了"先东北部，再中西部，后西部和南部"迁移历程，使得各区域人口分布趋于平衡，经济结构分布趋于合理，城乡差异日益缩小，区域发展渐趋平衡。

美国城镇化发展历程　　　　　　　　　　表3-1

阶段	萌芽	早期	中期	成熟期
时间	1776~1840年	1840~1920年	1920~1970年	1970~至今
城镇人口比例	< 10%	10%~50%	50%~70%	> 70%
特征	萌芽阶段	城市化（其中：> 30%为加速期）	城市郊区化	城乡一体化
人口流向	零星	集聚	分散	融合
人口迁移	欧洲移民	海外移民农村到城市小城市到大城市	城市（尤其大城市）中心到郊区为主；农村到城市为辅	城市中心到郊区大都市区内中小城镇
人口重点流向	东海岸	东部和中西部	西部和南部	西部和南部
重点发展	东海岸港口城市	大城市主导	中小城镇，尤其大城市周边	中小城镇，尤其大都市区和城市带之间
代表城市	波士顿	纽约，芝加哥	洛杉矶	旧金山—洛杉矶—圣迭戈城市带
标志性年份和事件	1840年，城市人口超过10%，城市化开始	1920年城镇化率超过50%，以大城市为主导的城市化基本完成	1920年城镇人口超过农村人口，城市郊区化开始	1970年，城市郊区人口超过中心区人口，大都市区开始形成

注：资料来源：作者根据有关资料整理。

3. 中国目前城镇化发展水平、表现形式和存在问题都与1920年的美国相似

从全国城镇化率看，1920年美国城镇化率为51.2%，2011年中国城镇化率达到51.3%，均为城镇人口首次超过农村人口，两者非常相似；从城镇化发展模式看，1920年以纽约、芝加哥为代表的特大城市处于城市化进程主导地位，成为美国的经济中心，2011年以上海、北京等为代表的一线大城市在中国也遥遥领先；城市发展早期，以大城市为主导的城市化促进了人口和产业的聚集，集聚效应一方面促进了经济和城市的快速发展，另一方面也迅速拉大了城乡差距，而大城市交通拥挤、住房紧张、环境污染等大城市病日趋明显。

从区域发展看，区域发展不平衡的现象也有相似之处。1920年美国东北部和中西部经济发达，而西部和南部欠发达，2011年中国南方和东部沿海城市经济发达，内陆中西部地区还很落后；从区域城镇化率看，1920年美国东北部城镇化率为75.5%，中西部为52.3%，西部为51.8%，南部仅为28.1%，2011年，中国东部沿海地区城镇化率已达61%，而西部的贵州仅为35%；从产业发展看，1920年美国东北部和中西部制造业增加值之和占比达到80%，达到巅峰状态，而西部和南部之和还不到20%，但随后经济增长点转向了新兴的西部和南部的"阳光带"城市，2011年中国沿海制造业发达，位居世界首位，但原有低成本发展模式面临严峻挑战。

如表3-2所示。

1920 年的美国和 2011 年的中国　　　　　表 3-2

名称	1920 年的美国	2011 年的中国
城镇人口比例	51.2%	51.3%
人口总量	超过 1 亿人	超过 13 亿人

名称	1920 年的美国	2011 年的中国
区域发展	东北部经济发达 中西部制造业到达巅峰状态 西部和南部欠发达	南方和东部沿海经济发达 中国制造业全球第一，但面临转型挑战 中西部欠发达
城乡发展	城市化与工业化同步 市中心高楼大厦，经济发达 乡村欠发达，城乡差距巨大	大城市发展迅速，人口密集，交通拥堵， 处于大规模基础设施建设期， 郊区落后，城乡差距巨大
城市发展特征	向心集聚型，特大城市为主导	向心集聚型，大城市处于领先地位
人口流向	海外移民，农村到城市，小城市到大城市	农村到城市，小城市到大城市
代表城市	纽约：全国首位性城市 全美最大商埠和金融中心	上海：中国第一大城市 全国经济和金融中心
	芝加哥：全美第二大城市 全国工业中心和最大交通枢纽	北京：中国首都 全国政治、文化、教育和国际交流中心
存在问题	大城市交通拥挤，住房紧张 环境污染，犯罪率高	一线城市房价高昂，交通拥堵 住房紧张，工作压力增大
	区域发展不平衡，城乡差距大	区域发展不平衡，城乡差距大
标志性事件	城镇人口首次超过农村人口 美国城市发展史上的重要转折点城市郊区化开始	城镇人口首次超过农村人口

注：资料来源：作者根据有关资料整理。

综上所述，2011年的中国与1920年的美国城镇化率接近，城镇人口首次超过农村人口，区域发展不平衡，城乡差距大的矛盾也很相似，两者整体具有国家样本可比性。1920年是美国城市发展历程中城市化和城市郊区化的重要转折点，也是中西部工业化达到巅峰状态的年份。美国1920年之后出现的城市郊区化和城乡一体化进程，人口从市区向郊区流动，发展重点转向中小城市，尤其是大城市周边的中小城市和边缘城市的形成，最终融合形成大都市区并成为城市发展主流的发展过程，本质上是一种在更大范围和更高层级上的集聚，是城市发展到高级阶段更大规模、更合理均衡的产物。

城镇化发展的核心是"和谐最优化"，即规模不够时，通过集聚效应产生规模效应，规模过大时，则扩散疏导，追求更大范围内的和谐，然后融合，实现更大范围内的最优化，实质上是一种更大范围和更高层次上的集聚和社会效应最优化。美国城镇化发展历程所经历的"集聚，分散，融合"过程和区域发展所经历的"先东北部，再中西部，后西部和南部"的发展历程，符合城市和区域发展的一般规律和常识，美国通过人口流动和产业发展解决区域发展不平衡和城乡差距大的历程，为与处于1920年美国相似阶段的今日中国提供了可供借鉴的宝贵经验和成功案例。

目前中国城镇化状况与1920年的美国整体具有可比性，但也有不同的特点。首先，规模上中国城镇化所涉及的人口总数超过美国、欧盟、日本、俄罗斯、加拿大、澳大利亚等世界主要经济体的总和，基数是1920年的美国10倍以上，规模史无前例；其次，中国城镇化的进程更快，据统计，过去十年中国城镇化年均发展速度达到1.35%，平均每年新增城镇人口超过1500万人，相当于一个中等国家的人口总量；第三，产业类型更为丰富，1920年的美国处于以电力为广泛应用为标志的第二次工业革命的后工业时代，而2011年的中国面临的是以电子计算机发明为标志的人类历史上第三次工业革命，即生物科技与产业革命。

三、以历史上的美国改进版为国家样本，扬弃发展，解决区域发展不平衡问题

美国200余年的城镇化发展历史，整个国家经济发展和人口迁移经

历了"先东北部，再中西部，最后西部和南部"的发展阶段，持续西移，具有明显阶段性特点。而代表城市也经历了由传统港口城市（波士顿、纽约），到工业城市（芝加哥），最后高科技和服务性产业城市（洛杉矶）的转变。其中，纽约因港口贸易而崛起，同时大力发展金融产业，保持了持续繁荣；芝加哥因工业化而辉煌，也因工业衰落而被赶超；洛杉矶在政策支持和自身努力下，大力发展高科技和新兴产业，后来居上，成为美国第二大城市，并依然保持强劲增长势头。

产业的发展和变迁，带来了人口的迁移。美国城市的起源在东海岸港口城市，海外移民大量涌入，成为美国最先发展的地区；工业化时代，人口大规模从东北部向中西部迁移；1920年美国人口总数超过1亿人，城镇人口首次超过农村人口，成为美国城镇化发展历程中重要转折点。其中东北部人口占28%，城镇化率75.5%；中西部占32%，城镇化率52.3%；南部占31%，城镇化率28.1%；西部占8%，城镇化率51.8%。从制造业增加值看，东北部和中西部之和超过80%，而西部和南部之和不到20%。当时美国东北部经济发达，中西部制造业达到巅峰状态，而西部和南部欠发达，区域发展很不平衡，人口分布不平衡现象明显。

1920年之后，尤其是"第二次世界大战"开始，美国西部和南部走过了一条以国防工业为原始推动力，以高科技发展为后续发展引擎，以养老产业为成熟推动力的发展道路，成为美国经济发展新的热点。人口也大量从东北部和中西部向西部和南部迁移，20世纪60~70年代达到高峰；1980年，西部和南部人口超过东北部和中西部，成为历史性转折点，除制造业外，服务业、人均收入、外贸、批发和零售等也先后超越；1990年，西部和南部地区生产总值合计达29870亿美元，高于东北部和中西部之和25110亿美元，西部和南部后来居上，实现了美国人口分布和区域发展相对平衡，其中加利福尼亚州综合实力和城市发展水平跃居全美第一。

美国一百多年来的人口迁移和产业发展使得全国人口在地区分布上趋于均衡，产业发展均衡合理，各地区各有优势和特色。"集聚、分散、融合"，"先城市，再郊区，最后城乡一体化"，"先东北部，再中西部，最后西部和南部"，是美国一百多年城镇化和区域发展进程的真实写照，符合城镇化发展和区域发展的一般规律和常识。历史上的美国根据各地区的要素禀赋和比较优势，各个地区形成自己的优势产业，以产业发展带动城市和区域发展，以产业分区实现区域经济结构平衡，以产业迁移促进人口迁移，以产业的均衡分布促进人口的均衡分布；欠发达地区结合地区资源和特色优势，劣势变优势，利用后发优势大力拓展新兴产业，以新兴产业的发展带动区域经济发展，将欠发达地区转变为新兴地区并后来居上，成功解决国家区域发展不平衡问题的成功经验对今日中国城镇化具有启示和借鉴意义。

四、参考案例：美国西部开发历程

美国西部的开发，就是一部区域发展不平衡下，欠发达地区利用自身资源和后发优势，劣势变优势，大力拓展新兴产业，跨越式发展成为新兴地区并后来居上的成长史。

相对于东北部和中西部，当时美国西部经济落后，自然经济以矿产资源为主，山地居多，交通不便，人烟稀少的地理条件，采取了以城镇开发为先导和主体，以大城市优先，跳跃性发展，带动中小城市及整个地区经济发展的战略。几个地区性中心城市在很短时间内就完成了小城镇——一般城市——地区性中心城市等几次过渡，充分发挥了中心城市的集聚和辐射功能，其中铁路成为19世纪后期美国西部城市化迅速扩展的无可争议的重要原因。就整个西部而言，从1860~1910年间，城市人口总数由600万增加到4200万，城镇化比例由20％增长到46％，高于全国

45.7%的平均水平。其中，山区各州为40.7%，太平洋沿岸则高达56%。作为美国经济尚未开发的边缘地区，用了50年左右的时间，就基本实现了城市化，其速度足可与居美国经济核心地区的中西部城市化媲美，成为19世纪后期美国城市发展的两大热点地区。

美国西部和南部在"二次世界大战"开始崛起，尤其是20世纪40~50年代，与美国联邦政府扶持有密切关系。"阳光带"地域辽阔，气候温和，光照充足，适宜于军事训练和设立军事设施，是国防工业的理想场所。"第二次世界大战"期间，美国军事工业急剧膨胀，巨额联邦国防预算开支有70%投放于西部和南部，并在西部和南部设立了若干国防战略研究中心，推动了两大地区沿海城市的发展和西南部内陆地区毗邻空军基地和飞机制造城市的日益兴隆，使西部和南部的产业结构发生了根本性的转变。例如，在洛杉矶市，1945~1948年间，新扩建的制造业企业数量超过"二战"期间的50%；20世纪60年代初，据《洛杉矶时报》估计，该市就业的1/3直接或间接地依赖国防开支；20世纪50年代末，圣迭戈市人口中的21.5万人是以美国海军及其相应的服务业为生的。

与此同时，联邦政府的巨额国防开支也推动西海岸经济向高科技发展。在巨额的国防开支中，西海岸所占的比重越来越大。"二战"期间西海岸的比例为14%，朝鲜战争期间为20%，到20世纪50年代末竟增至33%，其中一半用于空军；20世纪50年代末，美国又试制生产弹道导弹，更增加了西海岸的军事设施。除飞机制造业外，国防开支很大一部分转向新的航天工业，西海岸又成为主要角色，仅加州就获得联邦政府用于宇航研究与发展方面合同的40%。

到1960年，联邦政府在加州至少投入了全美国防开支的24%，仅从事导弹研制与生产的雇员就有100万以上，占全国该行业人数总数的1/3，加州已从全国领先的飞机制造公司转变为导弹与宇宙飞船研究和开发的综合性中心。大批宇航研制与生产部门集中在南加州的洛杉矶和圣迭戈，以及旧金山半岛北部（即后来的"硅谷"地带），城市间不断融合，形成了旧金山—洛杉矶—圣迭戈巨型城市带，加利福尼亚州后来居上，一跃成为全美第一，被林登·约翰逊总统称为"联邦最大的教育州，最大的航天州，最大的导弹州，最大的科技州"。

美国及区域城镇人口比例（1990年）见图3-7。

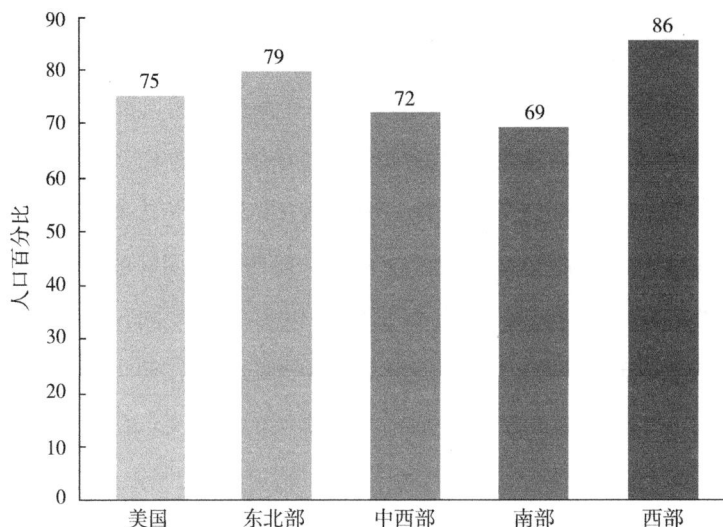

图3-7　美国及区域城镇人口比例（1990年）

资料来源：Urban Economics（Third Edition），Arthur O'Sullivan

1990年，美国西部已成为全美城市化水平最高的地区，城市化率高达86%，大幅领先全国75%的平均水平。全美城市发展程度最高的前6个州中，西部地区占了5位：加利福尼亚（93%），夏威夷（89%），内华达（88%），亚利桑那（88%）和犹他（87%）。

美国西部发展历程表明，欠发达地区利用自身资源和特色优势，辅以国家政策支持，利用后发优势，大力拓展新兴产业，劣势变优势，将欠发达地区转变为新兴地区，采取大城市优先发展战略，跨越式发展并后来居上，是可以实现的。

第四章

理性客观认识中国经济和中国城镇化发展现状

中国拥有逾13亿人口，占世界人口总数约20%，人口数量居世界第一，是全球最大的潜在市场；中国幅员广阔，国土面积居世界第三位，但人均陆地面积不到世界人均面积的1/3；中国已成为世界第二大经济体，是一个经济大国；但人均GDP位列全球第76位，还处于发展中国家行列，不是一个经济强国；北京，上海等大城市可媲美国际发达城市，西部贫困山区还有众多失学儿童；中国沿海经济发达，内陆差距甚大……究竟哪一个才是真正的中国？

根据世界经济论坛《全球竞争力报告2016-2017》"世界主要国家和地区全球竞争力指数排名（2016年）"（表4-1），中国综合排名28，远低

世界主要国家和地区全球竞争力指数排名（2016~2017年）　表4-1

国家和地区	总指数		分类指数					
			基础设施		效率增强		创新与成熟度	
	排名	数值	排名	数值	排名	数值	排名	数值
瑞士	1	5.81	2	6.29	3	5.62	1	5.80
新加坡	2	5.72	1	6.37	2	5.73	12	5.25
美国	3	5.70	27	5.43	1	5.85	2	5.63
荷兰	4	5.57	4	6.12	9	5.38	6	5.52
德国	5	5.57	10	5.94	7	5.40	3	5.61
瑞典	6	5.53	7	6.06	12	5.31	5	5.54
英国	7	5.49	23	5.61	5	5.55	9	5.30
日本	8	5.48	22	5.62	10	5.37	4	5.57
中国香港	9	5.48	3	6.23	4	5.58	23	4.80
芬兰	10	5.44	12	5.88	14	5.26	7	5.47
中国大陆	28	4.95	30	53.	30	4.79	29	4.22

注：资料来源：The Global Competitiveness Report 2016-2017，World Economic Forum。

于美国（第3）等西方发达国家。然而在基础设施方面，中国排名全球第30，接近美国（第27），反映了中国近几年大规模基础建设所取得的巨大成就，尽管中国在整体上仍远远落后美国，但在该领域已取得巨大进步。理性和客观地分析中国现状，实事求是，既不狂妄自大，也不妄自菲薄，既看到中国整体上的差距，也看到中国迅速发展并全面追赶的事实，其中在高铁等领域已取得局部优势，处于世界领先地位。

一、尊重经济规律，正确理解城市和区域发展过程中经历的自然现象和矛盾

区域发展不平衡，城乡差距大，是1920年的美国和2011年的中国面临的同样问题，也是城市发展过程中经历的自然现象和过程。从美国城市发展过程来看，早期的集聚效应有效促进了城市的发展和竞争力的提升，外国移民和农村人口主要向百万人口以及百万人口以上的大城市移民，以纽约、芝加哥等为代表的全国性中心城市在全国城市化进程中处于主导地位。从经济规律来说，这也是城市发展早期阶段传统工业化与城市化同步发展，利用集聚效应，资源向城市倾斜发展的结果。以集聚效应和大城市为主导的城市化在发展初期促进了城市的快速发展，但也带来了城乡差距大的问题。

当这些超大城市迅速膨胀，超过一定规模后，由此产生的交通堵塞、住房紧张、工作机会减少、环境污染等问题应运而生，生活和工作舒适度开始下降，周边的中小城镇则以优美的环境、相对便宜的住房、宽松的交通体系以及更人性化的社区生活方式吸引了更多人的青睐，成了许多城市居民和新移民的首选。城市郊区化开始并逐渐成为主流，并最终城乡一体化融合形成大都市区和巨型城市带，城乡差距逐步减小，地位互易，同时在很多地方由于过度郊区化，又形成了"郊区繁荣兴

旺，市中心衰落"的新问题。

由于早期资金和资源的有限性以及交通的限制，美国区域发展走的是一条"循序渐进，逐步西进"的路径。首先由于商业贸易的发展，东海岸港口城市逐渐发展起来，纽约成为全国最大商埠和经济中心，以纽约为主干的东北部经济核心区逐步形成，为中西部的兴起和其他地区的开发准备了条件。随着伊利运河和纽约—哈德逊铁路的建成，在工业化和城镇化的鼎盛时期，美国经济发展的热点地区转移至中西部，以芝加哥为代表的中西部制造业在1920年达到了顶峰，但此时美国西部和南部还很落后，区域发展不平衡问题凸显。

自1978年改革开放以来，中国在早期缺乏资金，经济发展相对落后的情况下，根据当时国情，走的也是一条循序渐进的发展道路。首先以深圳经济特区作为改革开放试验田，先行先试，初步成功后扩展至珠三角，广东由此成为中国改革开放排头兵和经济发展重心。从经济特区，到沿海开放城市，再到沿海城市带，这种从某一具有区位优势的地方突破，由"点"到"线"再到"带"，最后到"面"的渐进式不均衡发展道路，与当年的美国有异曲同工之处，这也是社会发展客观规律和具体国情所决定的，通过初期的不均衡阶段性发展，渐进式到最后实现全国人口和经济均衡发展，是经济发展过程中的自然规律和客观现象。

这种"集中资源办大事，循序渐进"的发展思路在中国整体经济尚不发达的情况下充分发挥了有限资源和人口的集聚效应，获得了巨大成功。2010年中国制造业产值超过美国，成为全球制造业第一大国，结束了美国114年的霸主地位，实现了中国经济"一个伟大的历史性跨越"，创造了人类经济发展的新纪元。中国沿海地区迅速成长，成为"世界制造工厂"，经济成就令世人瞩目，但同时也带来并加剧了沿海和内陆地区区域发展不平衡的问题。随着土地和人力资源成本的提升，沿海地区原有的低成本发展模式面临严峻挑战，区域发展不平衡问题日趋明显。

然而，经历了30余年的高速发展，今日中国已成为世界第二大经济体、全球经济最大推动力和世界最大外汇储备国，并依然生机勃勃，增长势头强劲。与欧美发达国家相比，尽管绝对成本优势有所缩小，但劳动力素质和技能有所提高，不仅仍保持相对成本优势，而且技术和产品差距已经缩小，同时对与中国相邻的中亚、东南亚、印度等周边国家已形成资金、技术和产品优势，已有必要并有能力全面加速发展西部和西南欠发达地区，将其转化为新兴地区，实现中国经济从不均衡到全面均衡发展的转变已变得迫在眉睫。

二、区域发展不平衡，城乡差距巨大，是挑战，更是机会

中国区域辽阔，地理特征和资源分布差异巨大。区域发展不平衡，城乡差距大，正好赋予中国足够的战略纵深，回旋余地大，赋予了中国经济发展后续动力和可持续性，延长了经济高速发展周期。经过30余年的经济高速增长，中国沿海地区发展迅速，基础配套设施日益完善，已成为"世界制造工厂"。随着土地和劳动力成本的提升，沿海发达地区原有以低成本为主要竞争优势的发展模式面临严峻挑战，投资拉动经济成长的边际效应逐步递减；然而中国广阔的中西部地区仍处于欠发达状态，仍然拥有丰富的土地和劳动力优势，具备承接沿海传统制造业的天然条件，投资拉动仍然具有广泛适用性和发展前景。利用投资拉动启动欠发达地区经济发展的有效性，不仅在过去三十年在中国沿海地区发展历程中得到验证，而且也在美国西部和南部发展历程中得到充分体现，不仅表现在传统制造业，也表现结合当地资源和自然特色优势而发展的新兴产业上，如国防、高科技、养老等。

经济发展落后的欠发达地区，通常土地资源丰富，人力成本相对合理，自然环境大多数情况下保存较好，部分地区环境优美，气候宜人。

"一张白纸上更容易画出最美的风景"，对于新兴产业而言，欠发达地区不仅具有成本优势和潜在的环境优势，而且历史包袱和负担较小，充分利用好后发优势，有可能跨越农业社会和传统基础产业，将欠发达地区转换成新兴地区，以新兴产业为主导实现跨越式发展，后来居上。

另一方面，中国人口众多，赋予了中国大市场，使中国同时具备"低成本、低起点、大纵深、大市场"多重属性，具备打造内部完整产业链和经济内循环圈的潜力，而这正是中国根本性区别于"亚洲四小龙"和一般中小国家的最大优势所在。从人口和面积看，新加坡相当于中国一个大城市（如上海），韩国相当于中国一个省（如浙江），而日本相当于中国一个经济带（如长江三角洲）。由于人口、市场和地域的限制，一个城市很难实现产业均衡发展，一个省份也较难构成内部经济循环圈，但拥有大市场和大纵深的中国，具备形成完整产业链和内部经济循环圈的梯度和巨大市场，而低成本和低起点，更赋予了中国进退腾挪的巨大空间。

以中国和美国为代表的大国与以"亚洲四小龙"为代表的中小国家的根本区别在于，大国人口众多，幅员辽阔，国内内需市场和区域纵深足够大，有潜力利用区域发展不平衡在国内实现产业内部转移和梯次产业链的构筑，仅仅通过循序渐进发展国内市场就有可能实现经济的长期可持续性增长。而小国经济发展到一定程度后，基础产业不得不转移到国外，很难在国内完成产业升级和内部迁移，必须依赖国际市场，无法构建完整产业链，后续发展乏力，容易受到世界经济波动不可控因素的影响。

中国幅员辽阔，区域发展不平衡，城乡差距大，人口总量超过美国、欧盟、日本、俄罗斯、加拿大、澳大利亚等世界主要经济体的总和，逐渐富裕起来的中国内需市场极其巨大。鉴于中国大市场的规模优势和区域发展不平衡的大纵深，从某种程度上说，中国只要做好自己的事，就完全有可能在国内实现产业内部迁移，打造完整梯次产业链和国内经济微循环圈，有效增强中国对世界经济波动的不可控风险抵抗能力，尤其在全球性金融危机等极端情况下，依靠国内完整梯次产业链和经济内循环圈，缓冲世界经济剧烈波动带来的冲击。

2001年诺贝尔经济学奖获得者约瑟夫·斯蒂格利茨曾做出一个大胆的预言：中国在全球制造业中的作用将越来越强，成为制造业的统治力量，其他国家要与之适应，产业结构要随之高度化，制造业的大转移不可避免。全球制造业向中国转移，是基于中国具有五大优势：（1）低工资，中国的劳动力优势是世界上任何国家无法与之竞争的；（2）高生产率，中国有许多企业处于集群状态；（3）资本富余，储蓄率居世界首位；（4）企业家精神，特别是3000万华侨拥有的资金相当于某些国家的实力；（5）巨大的需求市场。

充分利用中国人口众多的大市场优势，区域发展不平衡和城乡差距大形成的大纵深现状，以及后发国家具有的后发优势，融入全球一体化和产业升级转型，有潜力打造"中西部欠发达和新兴地区，沿海发达地区，中国一线城市，世界发达国家"四级完整产业链，通过产业内部转移和研发升级同步发展，逐级提升对接，在国内形成完整梯次产业链和经济内循环圈，在保持与欧美发达国家相对成本优势的基础上，继续提升整体劳动力素质、技能和生产力，缩小与欧美发达国家的技术和产业差距，同时扩大对周边中亚、东南亚、印度等国家的资金、技术和产品优势，全面提升中国整体竞争力和经济实力，实现以低成本为特征的"中国制造"向复合型的"中国制造＋中国创造"的"双轮驱动"战略转型。

三、人口红利不是减少了，而是地区分布更均衡，产业更多元，层次更丰富了

所谓"人口红利"，是指一个国家的劳动年龄人口占总人口比重较

大，抚养率比较低，为经济发展创造了有利的人口条件，整个国家的经济表现为高储蓄、高投资和高增长的局面。"人口红利"不意味着经济必然增长，但经济增长一旦步入快车道，则"人口红利"势必会成为经济增长的有力助推器。"人口红利"对经济增长的影响主要包括两个方面：一是对生产领域的影响，二是对消费和储蓄的影响。

"人口红利"对生产领域的影响主要体现在对劳动力供给上。2001年诺贝尔经济学奖获得者约瑟夫·斯蒂格利茨指出：世界上所有西方国家的劳动力总和也只不过3亿~4亿人，而中国农村剩余劳动力却近4亿人。从劳动供给来看，中国目前仍处于劳动人口最丰盛的时期，但劳动年龄人口增长速度将逐步减缓。中国的城乡二元结构决定了中国人口红利的大头在农村，正处于快速城镇化过程之中的中国，农村地区有丰富的劳动力资源，中国收获人口红利的程度，取决于农村剩余劳动力的发展程度，取决于农村剩余劳动力转化为现实劳动生产力的实现程度。

要大力加强对农民和农民工的教育培训和投资力度，更加善待农民和农民工，因为没有他们的贡献和牺牲就没有今日中国的繁荣和兴旺；没有他们的成长和提升，就没有未来中国的健康、稳定、可持续性发展。要像鼓励海外留学人员归国创业和工作一样鼓励在大城市和沿海地区的科技人员和农民工到中西部创业和工作。正如对留学归国人员而言，中国代表了他们的未来，因为中国是他们最熟悉且永远难以割舍的热土，具有深厚的感情和丰富的人脉；对长期漂泊在外打拼的他们而言，生他养他的中西部也是他们最熟悉且永远难以割舍的热土，中西部地区不仅代表了他们的未来，也代表了中国的未来；利用所学到的专业技能和广阔视野回到那片熟悉的土地创业和工作，成为中西部经济发展的排头兵和领头羊，在那里他们将实现自己更灿烂的美丽人生，创造中国更美好的未来。

因此，在可预见的将来，中国仍然拥有比较充足的劳动力供给，但区域分布会发生明显变化。原有的大量农村人口和内地居民集中涌向一线大城市和沿海发达地区，以低成本和廉价劳动力为主要竞争优势的发展模式在沿海发达地区将面临严峻挑战。随着产业向中西部逐步迁移，初级劳动力也将随之迁移，优先选择在各自家乡周围就近就业，区域分布更为均衡；而一线大城市和沿海发达地区通过产品研发和产业升级换代，拥有高端科研人才和熟练高级技工；尽管绝对成本优势有所缩小，中国对欧美发达国家仍保持有相对成本优势，缩小了技术和产品差距，提升了整体劳动力素质和生产效率，同时对东南亚、中亚、印度等周边国家已形成新的资金、技术和产品优势，"人口红利"不是缩小了，而是产业更为多元，层次更为丰富，国家整体竞争力更强了。

"人口红利"对消费和储蓄的影响来看，劳动年龄人口停止增长或者说老龄人口比例增加在一定时期内并不必然带来储蓄率的下降，相反还有可能使储蓄率进一步上升。在老龄化的初期阶段，新进入老龄阶段的人往往都有较高的储蓄率和储蓄倾向，有人也因此把老龄化的初期阶段看成是第二次"人口红利"期。从这个意义上说，劳动年龄人口丰富的"人口红利"期结束并非"人口红利"的真正结束，只要能够发挥好储蓄的资金效率，让资本得到合理的回报，则第二次"人口红利"仍有可能为经济增长继续注入活力。

综上所述，中国的"人口红利"在今后相当长一段时间内都不会消失，将继续成为推动我国经济持续增长的利好旧因素。中国的"人口红利"不是减少了，而是区域分布更均衡，产业更多元，层次更丰富了。旧有的廉价低成本竞争模式在一线大城市和沿海发达地区面临严峻挑战，但在中西部广大欠发达地区仍有广阔发展潜力，旧的廉价劳动力人口红利并未消失，只是从沿海转移到中西部，区域分布发生了转移；而一线大城市和沿海发达地区通过产品研发、产业升级形成了新的总部经济、科技研发、高级技工红利，并已对东南亚、中亚、印度等周边国家形成了新的资金、技术和产品优势，"人口红利"产业更多元，层次更丰富，国家整体竞争力更为强劲；同时，富裕起来的一线城市和沿海发达地带所积累的财富，提升了整体消费力，产生了新的消费"人口红利"，而人口老龄化将可能带来新一轮人口迁徙，对于那些风景秀丽，气候宜人，但经济尚不发达的中西部地区，如云南、贵州，旅游和养老所带来的新的刚性需求和改善性需求，以及由此而产生的医疗护理、生物科技等新兴产业，如因势利导，有可能利用后发优势将经济欠发达地区变为新兴地区，形成当地新的支柱产业，实现跨越式发展，成为"美丽中国"的先行者和排头兵，改革开放的新窗口和新名片。

四、人口不仅是资源，而且可能是中国最大的资源，由此产生的需求不可替代

人是一个国家和社会最大的财富，是改变和创造这个世界的最根本的因素，任何GDP的财富都必须要依靠人才能实现。人口也是一种投资，正如一个大家庭，孩子众多，在贫穷和年幼时，养育众多儿童是一个负担；但孩子一旦长大，就是生产力；成年和富裕之后，就是消费力，所谓"人多力量大"。一般来说，一个人一生创造的财富大于其消费的总量，因此人口投资总体是盈利的。家庭如此，国家也如此。

消费市场规模是由购买力和人口总量双重因素共同影响构成的，很多消费品对单位个体而言具有一定的刚性和上限。从日用消费品、饮食、住房、旅游到汽车、高铁、大飞机等，衣食住行莫不如此：不管如何富有，一次只能穿一件外套，一条长裤；一个人一晚只能住一间房，睡一张床；一天原则上只吃三餐饭，且饭量差不多；一次只能坐一辆车，坐一个位置；一次只能用一部手机通话，用一台电脑上网……而不管如何贫穷，要维持生存，也必须要有这些，差异的只是程度。

人口优势不仅是资源，而且可能是中国的最大优势和最大的资源，且短期内不可复制。中国拥有世界近20%的人口，人口总数超过美国、欧盟、日本、俄罗斯、加拿大、澳大利亚等世界主要经济体的总和。经过30余年的改革开放和经济发展，中国正逐渐走向富裕和繁荣。今日中国，已发展成为世界第一工业生产大国，2010年中国超越美国，成为全球制造业第一大国，占世界制造业产出为19.8%，其中生铁、煤炭、粗钢、水泥、电解铝、化肥、化纤产品、汽车制造总量、造船、彩电、手机、集成电路、服装、鞋类、家具、纺织品、食品等产量均位居世界首位；今日中国，也是世界第一农业大国，其中粮食产量、渔业、养禽业、肉类、蔬菜、水果、烟草等均居世界首位；今日中国，还是全球最大外汇储备国，2012年外汇储备高达3.31万亿美元，是排名第二和第三的日本和欧洲之和的1.55倍；同时，今日中国宽带及移动互联网用户数、电话和移动电话用户数、网民数量、电子商务参与人数均世界第一。

和石油资源一样，人口资源也是生产力，而且更长久，具有可重复和多样性。相比于自然资源的一次性开发用完即止，人的需求伴随人的一生，不可替代，且随着年龄、财富和身体状况表现出不同的特征和需求：贫穷时体现为廉价劳动力，富裕时体现为消费力；年轻时，体现为刚性需求，中年为改善性需求，年老时转化为养老需求等，具有阶段性、重复性、长期性和差异性的特点。

中国最大的资源和优势是13亿正逐渐摆脱贫困走向富裕的超量人口。而房地产需求的决定性因素是人，不仅包括刚需和改善性住宅需求，还伴随经济发展逐渐形成对工业厂房、购物中心、办公楼、酒店、旅游等的需求，由此产生的需求不可替代，并随经济发展和年龄不同而变化。事实上，任何一个具有巨大市场需求的产业都能成为一个地区和国家的支柱产业，如旅游业于云南丽江，博彩业于澳门，石油于沙特阿拉伯，矿业于澳大利亚，制造业于德国，高科技于美国。房地产于发展中的中国也不例外，其解决的是人们"衣食住行"基本需求中"住"的功能，产品是包括住宅和其他功能的建筑物。与一般产业相比，房地产具有居住和投资双重属性，兼具实体经济和虚拟经济两种形式。按照居住和租赁的使用功能，房地产属于实体经济，而按照投资功能，房地产则变成了虚拟经济。一个拥有世界近20%总人口并由此产生全球近20%需求总量的产业——中国房地产业，不仅是虚拟经济，更是实体经济；房地产业及其上下游相关产业所构成的不仅是目前甚至有可能是未来相当长一段时间内中国最大的实体经济，不能成为一个国家支柱产业是难以想象的，也是不符合逻辑和经济规律的。

中国国内潜在消费市场规模是如此巨大，是任何一个主要国家，任何一个领导产业，任何一个全球性公司都无法忽视的，完全有潜力在国内形成完整梯次产业链和内部经济循环圈。关键是如何提高人口素质，将人口优势转化为人力资源优势，并进一步将人力资源优势提升为人才资源优势。诺贝尔经济学奖得主詹姆士·赫克曼认为中国大学生所占劳动力人口比例将会稳定在30%~40%，与美国和日本齐平。自2004年以来，中国每年新增300万以上的大学生。伴随着教育发展的进程，中国人力资本的优势正逐渐从生产线上的简单劳动者，提升为工程师、设计师、管理等高端人才。充分利用这些成本相对低廉且受过高等教育的人才，并发展与他们的要素能力相匹配的产业，激发他们的潜能，预期中国将可以在电子、机械制造、汽车制造、新能源等领域迎来劳动力的"新廉价时代"。站在历史新起点上的中国，将在更高的层次，更广的领域走向中国经济的新时代。

"低起点、低成本、大市场、大纵深"的综合优势，再加上后发国家所具有的后发优势，13亿人口的大国华丽转身所蕴藏的无限机遇和进退腾挪的巨大空间，使目前仍处于城镇化加速发展期的中国处于十分有力的竞争和发展态势。这是西方发达国家极其羡慕，想学但不具备条件的。正如一个老年人看着年轻人的茁壮成长，也许只能羡慕和欣赏了。以高铁建设为例，一方面，中国和美国国土面积大小相似，但中国人口是美国的4倍，且区域分布更为集中，因此中国的高铁单位里程拥有的潜在客流量是美国的4倍以上，这将直接决定投资经济效益的可行性及运营的可持续性；另一方面，中国原有基础设施和经济发展程度落后于美国，起点更低，且正处于城镇化的加速期，大规模基础设施建设对整体经济的拉动和综合作用更为明显。依托经济高速发展和庞大的内需市场，中国高铁发展一日千里，后来居上，某些发达国家不仅羡慕而且可能也有酸葡萄心理，甚至还有点"羡慕嫉妒恨"。

第五章

历史借鉴，国际融合，本土实践，
探索中国新型城镇化

中国幅员辽阔，人口众多，总量超过美国、欧盟、日本、俄罗斯、加拿大、澳大利亚等西方主要发达国家的人口总和，同时各地要素禀赋和资源特色迥异，城乡差距巨大，区域发展很不平衡。打个形象的比喻，今日中国相当于几个发达国家群以及若干个发展中国家群和欠发达国家群的综合体，而且板块互动：一线城市处于城镇化成熟期，提升优化城市空间，产业升级和服务转型迫在眉睫；二线城市处于城镇化高速发展期，产业集群和城镇化蓬勃发展；三、四线城市处于城镇化初期，工业化和城镇化方兴未艾；广大农村发展滞后，基础设施尚不发达，农业现代化任重道远。世界上没有任何一个国家城镇化层次如此丰富，人口如此众多，特征如此多元。从某种意义上说，中国城镇化，不仅是中国的，也是世界的；中国城镇化的成功，不仅是中国的成功，民族的成功；也是世界的成功，人类的成功。

以"和谐最优化"为城镇化发展原则，通过历史借鉴，国际融合，结合中国国情，融合新加坡作为城市标杆的"好"，美国作为国家样本的"大"，德国作为发达地区城市群学习榜样的"又好又大"，同时规避新加坡"不够大"和美国"不足够好"的不足，取其精华，去其糟粕，针对性"以新加坡为大城市可持续发展学习榜样，以德国为发达地区城市带借鉴标杆，以历史上以加州为代表的美国西部为中西部欠发达地区学习对象，以历史上的美国改进版为国家样本"，扬弃发展，对中国特大城市、发达地区城市带、中西部欠发达和潜在新兴地区等处于不同城市发展阶段的城镇化发展模式分别提出针对性策略和借鉴对象。尊重经济规律，结合中国具体国情和各地区要素禀赋，学习借鉴国际先进经验并规避教训，因地制宜，因时制宜，融合探索"该大则大，该小则小，该融则融，有大有小有群；城市和乡村融合共生，大中小城市和小城镇协调发展"的可持续城镇化发展模式在规模最大、人口最多、层次最丰富、结构最复杂的最大发展中国家——中国的具体实践，不仅对今日中国城镇化具有借鉴意义和应用价值，而且为广大发展中国家城镇化可持续发展模式提供理论体系和实践模式。

一、中国城镇化现状分析和主要问题讨论

根据住房和城乡建设部课题组《"十二五"中国城镇化战略研究报告》，2009年北京、上海城镇化率为80%~90%，广东为60%~70%，湖南为40%~50%，贵州为20%~30%。2011年，中国城镇化率全国平均水平达到51.3%，其中东部沿海地区达到61%，广东为66.5%，西部的贵州仅为35%，区域发展很不平衡，地区发展差异巨大。

中国经济的突出特点是南方和东部沿海地区比较发达，西部内陆地区相对欠发达，城镇分布也呈现自东向西，由密而疏的空间分布特征。南方和东部地区特大城市和大城市较多，小城镇密集；中部地区城市分布比较均衡，中小城镇数量多；西部地区城镇人口主要集中在大中城市。从各省区的城镇化发展情况来看，东部、中部和西部不同地区呈现出显著的梯度差异。

由于中国各地城镇化水平和区域空间特点的显著差异，美国城市发展经历的"集聚、分散、融合"三个阶段有可能在中国不同城市和地区同时进行，并相互融合，即集聚过程中有扩散，扩散过程中有集聚，因时因地而异，并随一定条件变化而相互转化。因此，中国城镇化发展各地区绝不能照搬一个模式，必须因地制宜，因时制宜，扬弃发展。具体而言，大城市以扩散疏导为主，发达地区城市带以融合为主，而欠发达地区则以集聚为主。

以广东为例，2010年全省常驻人口达10440.94万人，城镇化率为66.2%，其中深圳市城镇化率已达100%，为中国城镇化最发达地区，珠江三角洲地区城镇化率达82.72%，步入城镇化成熟期阶段，粤西、粤北

城镇化率分别为37.67%和44.29%，仍处于城镇化加速发展阶段。广东省内城镇化进程区域差距明显，区域发展不平衡问题突出。具体而言，广州、深圳为经济发达特大城市，城镇化已进入成熟期，市区应以更新改造和转型升级为主，人口以从市中心向郊区疏导为主；广州和深圳周边卫星城镇和广深大都市区内中小城镇，应成为发展重点，积极培育有竞争力和自身特色的产业集群和城市群，争取实现城际轨道交通公交化，融合提升完善城市带为城市发展主流；而韶关等粤北地区城镇化率还不到50%，仍属于欠发达地区，处于城镇化加速发展阶段，应以集聚为主，进一步增强中心城市的集聚和规模效应。如图5-1所示。

1920年美国城镇化率首次超过50%，成为城市发展历程中城市化和城市郊区化的重要转折点。从全国范围看，发生了以下显著变化：（1）人

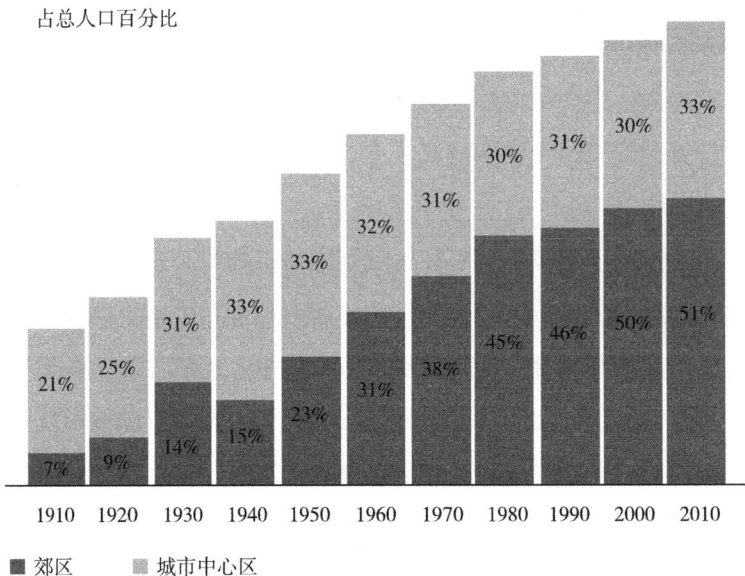

资料来源: *U.S. Census Bureau, Demographic Trends in the 20th Century* (*Washington. D.C.: U.S. Government Printing Office, 2002*); *and PRB analysis of data from the 2010 Census.*

图5-1 20世纪大部分美国人口增长发生在城市郊区，而不是城市中心区

资料来源："Reports on America", July 2011，Population Reference Bureau

口流向从市中心转向郊区，尤其是大城市郊区；（2）中小城市，主要是大城市周边的中小城镇和边缘城市成为发展的重点；（3）人口开始从发达地区向新兴和欠发达地区迁移。这些变化也符合城市和区域发展一般规律和常识。

2011年，中国城镇化率首次超过50%，也将面临城市发展的重要时期。从全国范围看，有可能经历与历史上的美国相似的发展历程，即人口从大城市市中心向郊区转移；大城市周边和城市带之间的中小城镇，以及有资源特色和专业性经济为主导的城市成为发展重点；人口从南方和东部沿海发达地区向中西部欠发达地区迁移。

如表5-1所示。

主要问题讨论与建议   表5-1

议题	地区	讨论与建议
人往哪里走	全国	从大城市中心区向郊区迁移；从南方和东部沿海发达地区向欠发达中西部地区迁移；大城市的综合性和全面性与小城镇的专业性和独特性有机结合，互为补充；大城市周边卫星城镇和城市带之间中小城市，以及有资源特色或专业性经济为主导的中小城市成为发展重点
	大城市	充分发挥中心城市的集聚和辐射作用，以公共轨道交通为主导，引导人口从城市中心区向郊区和卫星城镇迁移。大城市周边卫星城镇为发展重点，在承接城市中心区人口和产业转移的同时，培育富有竞争力的特色产业集群，与中心区错位发展，优势互补，共同繁荣
	东部发达地区城市带	大力拓展公共轨道交通，争取城际轨道公交化。以特大城市或大城市为依托，重点发展大都市区内中小城市以及专业化市场城市，形成富有竞争力的产业集群，与中心城市产业互补，提升和优化融合形成城市带，争取实现城乡一体化
	中部发展地区	一方面做好沿海地区城市产业迁移承接工作，同时加速城市集聚规模，解决农村剩余劳动力转移问题；另一方面充分利用土地和人力资源优势，有条件形成城市带的，结合轨道交通，尤其是高铁，加速沿轨道交通城市带的融合形成

议题	地区	讨论与建议
人往哪里走	西部欠发达地区	西部区域广阔，城镇化水平落后，人口密度不高。建议借鉴以加州为代表的美国西部开发经验，大城市优先发展，跳跃性加速完成集聚，带动中小城市及整个地区经济发展。大城市继续吸纳农村和小城市人口，同时承接沿海地区产业和人员回归
钱从哪里来	大城市	对市中心拆迁实行"低补偿，慷慨福利搬迁"，获得土地级差收益；一次性收取土地出让金；选择性、分区域、分阶段实行房地产增值税，获取中国城镇化可持续资金来源
钱从哪里来	中小城市	土地出让，一次性收取土地出让金；条件成熟的，对市中心拆迁实行"低补偿，慷慨福利搬迁"，获得土地级差收益；国家投资，政策扶持，结合当地资源和特色，拓展新兴产业
地从哪里出	大城市	新区扩建和郊区新城镇，尤其沿轨道沿线；城市中心区产业升级，原有工厂或其他企业搬迁用地；棚户区、城中村等城市拆迁；沿海滩涂，低丘缓坡地等低效能用地改造利用
地从哪里出	中小城市	与大城市错位发展，结合产业规划和户籍制度改革，合理规划，盘活农村闲置土地，通过科技手段和政策导引，对滩涂，低丘缓坡等低效能用地集约经营再利用

二、选择性、分区域、分阶段渐进式实行房地产增值税，发展中实现中国城镇化可持续资金来源

1. 中国住宅市场现状和矛盾体现

统计数据表明，自1998年实施住房市场化改革以来，中国住宅投资保持快速增长，住房供给快速增加。1998~2012年，我国城镇住宅投资额由4311亿元增加到5.7万亿元，累计住宅竣工面积达104亿m^2。根据2010年第六次人口普查和相关数据推算，目前全国累计存量住房约179

亿m², 2.2亿套。按照当年常驻人口家庭来算，户均约1.02套住房。预计到2015年，我国家庭户均拥有住房可能将达到1.08套。根据全球统计经验表明，户均拥有1.1套住房以后，住房市场的峰值就会到来。也就是说，中国住房市场全面供给短缺时代即将结束，结构发展不平衡将成为主要矛盾。

当前，中国住宅市场整体供求渐趋平衡，呈现"整体可控，局部透支，个别城市有泡沫风险"的特征，结构失衡矛盾日趋明显，具体表现为：

（1）区域分布不平衡：北上广深一线城市和部分热点二线城市仍供不应求，但大多数二三四线城市供给充足，部分甚至供过于求；

（2）房价表现不平衡：一线城市和部分热点二线城市房价上涨过快，房价高昂并已有透支，但广大欠发达地区房价相对合理，并仍有挖掘潜力和成长空间；

（3）住房拥有不平衡：少部分人拥有很多套房，但很多人没有房也买不起房，在大城市矛盾尤为突出。

长久以来，货币超发以及由此引起的对房地产投资投机活动一直被认为是中国商品房价格快速上涨的主要原因。然而，深思一下，这只是表象。"资本具有逐利性"，在近几年中国经济持续高速增长的背景下，中国房地产市场量价大幅齐升，而中国股票证券市场却经历了长期熊市，同样的货币超发并没有带来股票证券市场的大幅上涨和大规模投资行为。超发货币资金通过各种途径源源不断流入房地产，囤房投机炒作之风盛行，根本原因在于房地产不仅有利可图，而且有超额收益。

"投资产生价值，价值决定价格"。中国过去几年住宅价格的快速上涨，除了基于中国居民购买力和产品品质提升伴随的合理性涨价因素之外，货币超发和投机炒作固然起到了推波助澜的作用，但本质上更是中国大规模基础设施建设和环境改善造成土地价值大幅提升，且分配机制不合理并被投资投机者利用的产物。尤其2003年土地招拍挂制度实行以后，政府固定资产投资迅速提高，年均涨幅高于25%，大规模的城市基础建设投资和环境改善，大幅提升了城市土地的价值，同时也催生了此后城市房地产价格的迅速上涨；同时，商品房成为解决居民住房的主要途径，市场需求迅速增加；而年度固定资产投资和公共资源分配加剧向城镇倾斜，且城镇投资总额与农村投资总额无论在总量还是比例差距都越来越大，也正是过去数年中国城市土地价值和房地产价格大幅上涨的同时，城乡差距越来越大的重要原因。尤为遗憾的是，大规模城市基础设施投资和环境改善所带来的巨大土地增值收益，政府未合理收回，分配机制不合理，有漏洞并被投资投机者利用。同时，银行贷款放大了资本金和投资收益倍数，助长了房地产的投资和投机活动。因此，以住宅为代表的中国房地产价格近年来迅速上涨是中国在特定历史时期，特定发展阶段和特定国情下，多种综合因素作用下的结果，具有一定特殊性和阶段性特征。表5-2给出了按城乡分全社会固定资产投资。

按城乡分全社会固定资产投资（单位：亿元）　　　　表 5-2

年份	全社会投资	比上年增长	城镇		农村	城镇投资/
			分总额	其中：房地产	分总额	农村投资
1998	28406.2	13.89%	22491.4	3614.2	5914.8	3.80
1999	29854.7	5.10%	23732.0	4103.2	6122.7	3.88
2000	32917.7	10.26%	26221.8	4984.1	6695.9	3.92
2001	37213.5	13.05%	30001.2	6344.1	7212.3	4.16
2002	43499.9	16.89%	35488.8	7790.9	8011.1	4.43
2003	55566.6	27.74%	45811.7	10153.8	9754.9	4.70
2004	70477.4	26.83%	59028.2	13158.3	11449.3	5.16
2005	88773.6	25.96%	75095.1	15909.2	13678.5	5.49
2006	109998.2	23.91%	93368.7	19422.9	16629.5	5.61
2007	137323.9	24.84%	117464.5	25288.8	19859.5	5.91

年份	全社会投资	比上年增长	城镇		农村	城镇投资/
			分总额	其中：房地产	分总额	农村投资
2008	172828.4	25.85%	148738.3	31203.2	24090.1	6.17
2009	224598.8	29.95%	193920.4	36241.8	30678.4	6.32
2010	278121.9	23.83%	241430.9	48259.4	36691.0	6.58

资料来源：根据国家统计局2011年和2015年《中国统计年鉴》数据整理计算。

注：从2011年起，城镇固定资产投资数据发布口径改为固定资产投资（不含农户），固定资产投资（不含农户）等于原口径的城镇固定资产投资加上农村企事业组织的项目投资（因数据发布口径标准改变，因此未列入2011年后数据作为直接比较）。

"经济旺，地产兴"。一个均衡发展、相对稳定并稳中有升的房地产市场是一个成长中经济体健康、稳健、可持续发展的标志和目标，也是一个国家经济成就和社会财富的体现和象征。然而，由于房地产的过度投机炒作，从而导致泡沫对经济发展的伤害也是巨大的。如何既发挥房地产对经济发展的巨大推动力，又有效防范潜在的投机泡沫，一直是世界各国在发展过程中面临的一个难题。从尊重经济规律的角度，在经济持续高速增长和货币超发双重背景下，房地产价格整体长期上涨趋势将难以避免，然而，通过完善的税收和法律机制，使投机者即使房价暴涨也无法获取暴利，抑制投资，扼杀投机，剔除房地产泡沫也是完全可以实现的。

在中国住宅市场整体供给渐趋平衡，结构性矛盾日益明显的背景下，预防投机炒作和超发货币资金流入住宅的最有效方法是：以市场化手段从根源和制度上根除住宅的投机价值。选择性、分区域、分阶段渐进式逐步实行房地产增值税，以房地产增值税的渐进式实施启动房地产税制改革，随着经济发展和城镇化水平提升，探索由"土地财政"向"税收财政"的逐步过渡，积小改为大改，在发展中以市场化手段实现中国新型城镇化可持续资金来源，以及抑制区域房价过快上涨和缩小贫富差距三重功效，实现房地产业作为国民经济支柱产业和住宅的社会福利功能的平衡；同时通过加大基础设施投资增值和民生领域循环投资双管齐下，逐步将"土地财政"转变成"房地产民生"，促进中国房地产从"局部非理性繁荣"向"理性均衡的可持续繁荣"的转变，在发展中实现中国房地产软着陆和中国经济健康、稳健、可持续性发展。

2. 理论基础和适用范围

众所周知，房屋本身不会升值，只会随着使用折旧而贬值。因此，房地产的升值是土地价值的增值，主要由于外部基础设施和环境的改善、通货膨胀、供求关系变化等因素影响，而中国所有的土地均属于国家，居民只拥有法定年限的使用权。在经济快速发展阶段，政府大规模的基础设施建设和环境改善极大地提升了城市工作生活便捷度和居住舒适度，有力提升了土地价值。在中国，过去数年的城市基础设施和环境改善的投资极其巨大，且主要由政府支出。本着"谁投资，谁收益"的原则，中央政府和各级地方政府不仅有权力，而且有义务收回投资收益，并再次"取之于民，用之于民"，将之再次投资于基础设施和环境改善，以及住房、教育、医疗、养老等社会民生领域，将"土地财政"逐步转化为"房地产民生"，以市场化手段进行社会资源和社会财富合理再分配，缩小贫富差距，体现公平正义，实现国民经济的可持续良性发展循环。

发展是世界永恒的主题，与时俱进是迎接发展的最佳途径。在城镇化发展初期阶段，中国创造性地开创了以土地为信用基础的"土地财政"制度，通过出让城市土地使用权，为基础设施建设融资，极大地促进了中国城市建设的发展，开创了富有中国特色的城镇化道路。然而，世界上没有一成不变的城镇化发展模式，土地财政也是如此，不论它以前多么成功，也不能保证其适用于所有发展阶段和所有城市。当中国城镇化进入新的发展阶段后，寻找新的可持续发展途径，尤其对已经基本完成城市化且富有原始资本积累的中国一线城市，已成为迫在眉睫的时代课题。

最优的城镇化发展模式，就是根据不同的发展阶段、不同的空间区位，与时俱进组合使用不同的模式构成最优化结构。工业化和城市化的启动，都有赖于原始资本临界门槛的获得。一旦原始资本（基础设施）积累完成，就会带来持续税收，这些税收可以再抵押、再投资，自我循环，加速积累，从而实现自身的良性循环。同时，城镇化进入稳定阶段之后，土地财政的历史角色就会逐步淡出并最终终结。由于中国城镇化的巨大规模和复杂性，建议将目前中国城市分为已完成城市化原始积累的存量部分（一线城市和部分热点二线城市）和未完成城市化原始积累的增量部分（广大其他尚不发达城市）。在空间上和时间上把不同的利益主体区分开，通过制定区别不同的政策对象，按照不同的发展阶段，将完成城市化的发达城市和地区渐进式过渡到可持续的税收财政。将巨大的利益和结构调整，分解到数十年的城镇化进程中，随着中国经济发展和城镇化进程，与时俱进，成熟一个，过渡一个，积小改为大改，从一次性收入的土地财政，渐进式逐步演变成土地财政和税收财政并重，乃至最终以可持续的税收财政为主，形成"发展初期土地出让先行，中期土地和房产并行，成熟期房产经营维护"的新型城镇化可持续资金来源发展模式。

结合房地产税制改革，逐步构建"土地出让金—房地产增值税—房产税"三级房地产收益体系，根据经济发展和城镇化发展水平，房地产收益将渐进式进化，以不同形式为主表现出来：

（1）城镇化初期阶段：土地出让金，一次性收取，获得大额启动资金；

（2）城镇化加速阶段：房地产增值税，分次收取阶段性溢价，获取可持续资金来源并抑制区域房价非理性过快上涨（尤其适用于因大规模基础设施建设和环境改善而使土地大幅升值阶段）；

（3）城镇化成熟期：房产税，每年或每月收取，用于日常维护运营，房地产保值增值工具①。

在实践过程中，从尊重经济规律的角度出发，依据不同经济发展和城镇化发展状况，土地出让金、房地产增值税和房产税可单独或结合存在，通过不同比例反应不同发展阶段状况，并随着经济发展和城镇化发展进程动态调整。实行房地产增值税的经济基础是城市已完成原始资本（基础设施和房地产）积累，房产存量增值价值远高于剩余土地存量出让价值。结合经济发展和城镇化发展状况，对目前中国城镇化不同类型区域建议如下：

（1）中国经济发展和城镇化尚不发达的广大地区采用土地出让金制度，以快速启动发展；

（2）中国一线城市和部分热点二线城市，建议随着经济发展和城镇化水平的提高，选择性、分区域、分阶段渐进式实施房地产增值税，从土地财政渐进式过渡到税收财政；

（3）美国等成熟发达国家适用于土地出让金和房产税相结合，以实现房地产保值增值。

实施步骤建议：深圳经济特区—其他一线城市—部分热点二线城市

房地产增值税的具体实践，建议综合考虑并结合房地产税制改革，

---

① 美国房产税由地方政府根据各自实际情况来确定税率并依法征收，由选区内的选民投票通过，而税收主要用于民众所在区域的教育（学校、图书馆等）及公共服务支出（绿化、治安等），类似于国内大型社区物业费和学区房的概念。因此，美国房产税主要是为地方政府的各项服务和基础设施建设提供资金支持，起到保值升值的作用，而非调控房地产市场的主要手段。

探索由城镇化初级阶段的土地财政（一次性收入）向城镇化中级阶段的房地产税收财政（可持续收入）的新型城镇化发展模式转型；建议选择具有典型一线城市特征，已完成城市原始积累，房产存量较大且土地存量较少，富有创新精神且历史负担较小的深圳经济特区进行试点。

（1）首先在深圳经济特区进行房地产增值税试点。建议对收取的房地产增值税进行专项管理，将增量部分用于加大对基础设施和民生工程的投入比例，以及增加土地供应（如填海造地等），投资向新区和郊区倾斜，引导产业和公共资源迁移，缩小城乡差距，实现新型城镇化；同时，投资增值与税收引导双管齐下，选择性将部分产业引导和挤向东莞、惠州等周边地区，加速融合城乡一体化，广深港共同打造富有国际竞争力的区域城市群；

（2）第二步，在深圳获得成功后，再推广至北京、上海、广州等一线城市，从中心城区开始，渐进式向周边推进，实现中国一线大城市和外围新城镇的均衡发展，打造具有可持续发展能力的区域城市群；

（3）第三步，在一线城市获得成功后，再选择性、分区域、分阶段在经济发达、房地产存量较大且房价上涨较快的二线热点城市渐进式推广，随着中国经济和房地产市场的发展壮大，成熟一个，推广一个，以每年增加1~2个城市的频率，通过15~20年的渐进式积累，积小改为大改，实现由"土地财政"向"房地产税收财政"的逐步过渡和并重发展，在发展中实现中国房地产的软着陆和中国经济的可持续健康发展。

背景材料：为什么建议选择深圳经济特区进行房地产增值税试点

（1）政治上具有示范效应

作为中国改革开放的窗口，经过30余年的发展，深圳从一个小渔村发展成为一座国际现代化都市，创造了中国乃至世界城镇化发展的典范。同时，深圳也是中国第一块土地拍卖诞生地，是土地财政的发源地，并成为深圳早期经济发展举足轻重的重要推动力。然而今日深圳土地财政日渐式微，高昂的房价已成为阻碍经济进一步发展的瓶颈。在深圳试行房地产增值税，探索由土地财政向房地产税收财政转型的试点，具有象征意义和示范作用。此举不仅有可能赋予深圳经济再次腾飞的强大动力，也是在新型城镇化历史背景下，根据城镇化发展进程针对性选择不同最优城市发展模式的积极探索，是与时俱进和"科学发展观"的表现，对其他城市乃至整个中国今后经济发展模式都将具有借鉴意义和示范价值。

（2）经济结构日趋合理，已基本摆脱对土地财政的依赖

经过30余年的发展，深圳经济结构日趋均衡合理，已摆脱了对土地财政的依赖。据统计，2015年深圳高新技术、金融、物流、文化产业四大支柱产业稳定增长，其中高新技术产业占GDP比重33.4%，金融业占14.5%，物流业占10.2%，文化产业占5.8%。相比而言，2015年房地产占GDP比重仅为9.3%。中国曾经的土地财政发源地，深圳由于已经完成了原始资本积累，基础设施先进完善，房产存量和增量价值巨大，税收收入占到政府收入的90%以上，土地财政已经悄然退出，但深圳经济并未为无地可卖而"不可持续"，已基本摆脱对土地财政的依赖。

（3）民生需求，政府受益

2015年，深圳新房成交均价全国第一，第四季度达40599元/m²，已严重超出普通百姓承受能力，企业也不堪重负，民生需求日益迫切。房地产增值税改革将有效打击房地产投机炒作，增加潜在供应，将给普通百姓和企业带来房价和租金的优惠。同时，深圳所剩土地日益稀少，随着深圳房地产价格持续上升，房地产增值巨大，事实上其增值部分的收益将远大于现有土地出让收益，对政府而言，已具备增收房地产增值税的经济前提条件，而该部分增值很大程度上来源于政府巨大的基础设施投资和环境改善造成的土地升值，政治上也有义务将此部分收益合法有效收回，同时将该笔可持续的巨大收益反哺用于基础设施、住房、医

疗、养老等社会民生领域，有潜力实现整个社会经济和民生工程的可持续循环发展。

（4）风险可控，有法可依

由于深圳对土地财政依赖度不高，而房产存量巨大，潜在的房地产增值税收益潜力巨大，因此房地产增值税改革不会对深圳经济造成系统性风险，反而会受益匪浅且可持续。此外，由于深圳经济特区作为中国改革开放试验田的特殊定位，房地产增值税改革如成功，不仅可为深圳经济再次插上腾飞的翅膀，而且为整个中国经济探索到一条与时俱进的可持续发展之路。而即使相关改革在深圳失败，停了就是，不会对全国经济造成系统性风险。同时，全国人大已于1992年授予深圳经济特区地方立法权，将有利于潜在法律问题的妥善解决。

（5）尊重经济规律，落地实施可行

不同于西方国家抵押税收发行市政债券的做法，中国土地收益的本质，就是通过出售土地未来的增值（40~70年），为城市公共服务的一次性投资融资。这是不同国家根据自身法律体系，经济发展和城镇化发展的不同阶段所做出的选择，两者都具有合理性。建议深圳通过时间和空间区分，针对不同类型物业实行差别政策推广房地产增值税，如对商品房全面实行房地产增值税但根据剩余年限给予相应优惠减免措施；新出让项目作为试点实行新的房地产增值税方案，或结合城市更新缩短出让年限（如从70年减少到20~30年），土地出让金和房地产增值税相结合；有期限的房地产物业到期后开征；小产权房和城中村结合确权同时开征房地产增值税等。

3. 房地产增值税建议实施方案

《中华人民共和国土地增值税暂行条例实施细则》已于1995年由财

政部颁布实施。现有的土地增值税是以纳税人转让房地产取得的收入，减去法定扣除项目金额后的增值额作为计税依据，并按照超级累进税率进行征收。

土地增值税四级超率累进税表和税额计算　　　表5-3

级数	增值额与扣除项目金额的比率	税率	速算扣除系数	土地增值税税额
1	不超过50%的部分	30	0	增值额×30%
2	超过50%至100%的部分	40	5	增值额×40%-扣除项目金额×5%
3	超过100%至200%的部分	50	15	增值额×50%-扣除项目金额×15%
4	超过200%的部分	60	35	增值额×60%-扣除项目金额×35%

注：房地产企业建设普通住宅出售的，增值额部分未超过扣除金额20%的，免征土地增值税。

建议以现有的土地增值税为基础，深化扩展房地产增值税，并将其运用于住宅和商用物业，具体如下：

（1）一线城市和部分经济发达且房价涨幅过大的热点二线城市，根据自身经济发展和房地产市场状况，选择性、分区域、分阶段确定各自税率，并通过不同的税率调节市场；

（2）在对一些涨幅过大和炒风盛行的城市或地区，建议对超额增值部分采取更严厉的税收政策，如对增值额超过300%的，扣除增值额的80%等，彻底打碎投资投机者获取暴利幻想；

（3）建议借鉴德国模式，赋予买房者检举揭发权利，倡导依法买卖，合法交易。对阴阳合同和卖方非法转嫁有关税收的，买方有权检举揭发，经法院判决后，可依法返还买方并对卖方依法予以处罚，以市场化手段根除目前盛行的卖方转嫁税费给买方的非法陋习；

（4）在执行中，建议严格按照市场评估值为基础计税，树立依法办事理念，严厉打击阴阳合同，以防变相逃税，调控政策效果打折；

4. 房地产增值税可行性和必要性

（1）法律依据充分

《中华人民共和国土地增值税暂行条例实施细则》已于1995年1月27日由财政部颁布实施，法律上没有障碍，法理充分；每次只对增值部分增收，合情合理，也无重复增税嫌疑。事实上，房子本身并不会增值，除货币超发等原因外，房价上涨很大程度上正是由于政府对基础设施和环境改善的大规模投资，提升了区域土地价值从而造成房屋价格上涨的，这部分增值理应由政府收回并再次循环用于民生工程。

（2）针对性强，效果明显

由于房地产增值税采用高额累进税率制，增值越多，税率越高，且选择性、分区域、分阶段定向实施，精准打击炒房投机者和既得利益集团，预计将可能取得非常明显的成效。

鉴于目前中国住宅租金回报较低，尚不足以支付贷款利息，此举也将以市场化手段迫使炒房者和投资者将手上囤积的巨大存量住宅，尤其一线城市和部分热点二线城市，短时间推向市场，减少需求和增加供给双管齐下，以市场化手段"变堵为疏"，缓解供求紧张矛盾，促进房地产市场均衡发展和热点地区房价理性回归。

（3）可操作性强

房地产增值税仅在房地产出售环节实施，技术上可操作性较强；仅对增值部分征税，不会增加普通居民的日常负担，也不会误伤刚需和改善性需求，甚至对富人的多套自住住房需求也没有影响。房地产增值税目标准，力度大，范围广，但仅对房地产增值部分征税，尽管在很大程度上触动了既有利益阶层的奶酪，但本质上来说增值收益大部分属于"非法侵占"，且最终仍留出了活口并能实现部分收益退出。相比于反腐的疾风骤雨和个体的殊死抵抗，房地产增值税稳、准、狠，但"润物细无声"，相对更易执行。同时，选择性、分区域、分阶段渐进式实行，通过不同区域选择和税率的调整，能随时把控，有效控制系统性风险。

（4）有利于缩小贫富差距，缓解社会矛盾

过去十余年，由于相关制度上的瑕疵和不完善，随着房价的大幅上涨和杠杆效应，房地产已成为造成中国普通老百姓贫富差距的最重要原因之一。有没有投资城市（尤其大城市）不动产的居民贫富差距迅速拉大。拥有不动产的居民，即使不努力，财富也会自动增加；而没有拥有不动产的居民，即使拼命工作，拥有不动产的机会也会越来越渺茫。整个社会裂化成有房阶级和无房阶级，"房子升值秒杀努力工作"，当努力奋斗还不如投机房产，就可能为整个社会树立一种错误的导向和价值观，摧毁人们勤奋工作奋斗的信仰，造就绝望的社会阶层及巨大潜在不稳定因素。通过房地产增值税，将政府本应收回的因大规模基础设施建设和环境改善所带来的巨大土地增值收益收回，以市场化机制将被少数炒房者和投资者侵占的巨额社会财富合法收回，并进行合理再分配，有利于缩小贫富差距，体现公平正义，缓解社会矛盾。同时，将这笔巨大的社会财富"取之于民，用之于民"，再次投资基础设施和环境改善，以及住房、教育、医疗、养老等民生工程，循环投资增值，将促进中国经济的良性循环发展。

（5）金额巨大，来源稳定可持续，有潜力逐步替代土地财政

在政府大规模基础建设投资、货币超发、投机炒作等多重作用下，过去几年中国一线城市和部分热点二线城市房地产价格涨幅巨大，由此形成的房地产增值税金额将极其惊人。同时，一线城市房价高昂，所剩土地不多，但现有房地产存量巨大，来源稳定可持续，房地产增值税金额巨大，一线城市和部分热点二线城市地方政府有充分动力推广实施，有潜力降低并逐步取代地方政府对土地财政的依赖，探索由"土地财

政"渐进式向"房地产税收财政"的逐步过渡，逐步构建"土地出让金—房地产增值税—房产税"三级房地产收益体系，在发展中解决中国新型城镇化和中国经济可持续发展资金来源。

在一线城市和部分热点二线城市，选择性、分区域、分阶段对房地产增值部分实行高额累进税率，将退出大门关上，彻底打破投机投资者通过住宅获取暴利的途径和幻想，实现获取中国城镇化可持续资金来源、抑制区域房价非理性上涨和缩小贫富差距的三重功效；通过选择性、分区域、分阶段加大基础设施投资增值和剔除区域房地产投机属性双管齐下，热点区域房价回归理性和非热点地区房地产发展相结合，在发展中解决部分热点区域房价透支问题，完成中国房地产市场结构性调整；选择性、分区域、分阶段渐进式局部结构调整，可有效规避可能产生的系统性风险，保持中国房地产全国范围内的整体稳定甚至"稳中有进"，将有效化解地方债潜在风险，并使以政府为主导的"全民以房养老"成为可能，从而促进中国居民个人消费意愿的提高，将国内巨大的银行储蓄资金释放出来，将有可能创造中国经济新的增长点，实现中国经济的良性循环和健康可持续性发展。

5. 小结

"不谋全局者，不足以谋一域；不谋万世者，不足以谋一时"。对于一个正处于经济高速增长期的人口大国来说，保持房地产业作为实体经济对经济发展的巨大推动力和抑制作为虚拟经济过度投资可能产生的金融风险的平衡，实现房地产业作为国民经济支柱产业和住宅的社会福利功能的双重功效；立法实现和谐拆迁，实现保障农民拆迁合理权益和防范城市居民拆迁漫天要价的平衡，完成从"劫贫济富"向"劫富济贫"

拆迁模式的转变；在保持经济发展和社会稳定的前提下，通过市场化手段对社会财富进行合理再分配，缩小贫富差距，缓解社会矛盾，完成中国房地产结构调整和实现区域经济均衡发展，在发展中实现中国房地产软着陆和中国经济的良性循环发展。对政府而言，这是一个复杂的高难度的系统工程，也是对政府智慧和执政能力的考验，但理论和逻辑上也是完全可以实现的，实践中值得探索。

"没有比人更高的山，没有比脚更长的路"，保持经济发展和环境保护的平衡很难，新加坡做到了；实现经济发展、环境改善和房价稳定的平衡更难，德国做到了；仅仅35年时间，将一个人均GDP仅190美元的积贫落后的穷国发展为世界第二大经济体、全球经济增长最大推动力和最大外汇储备国，难上加难，中国做到了！结合农村土地流转试点和城市棚户区改造，增加供给与抑制投机双管齐下，选择性、分区域、分阶段渐进式对一线和二线热点城市实行房地产增值税，并以此为契机启动房地产业税制改革试点，实现中国城镇化可持续性资金来源、抑制区域房价非理性上涨和缩小贫富差距三重功效；同时，"取之于民，用之于民"，将这笔巨大的社会财富再次投资于基础设施和环境改善以及住房、教育、医疗、养老等民生工程，循环投资增值和剔除住宅投机属性双管齐下，将"土地财政"转变成"房地产民生"，逐步实现全国范围内以政府为主导，带有社会福利性质的"居者有其屋"乃至"全民以房养老"，实现中国房地产从"局部的非理性繁荣"向"理性均衡的可持续繁荣"的转变，打造中国房地产业改良升级版，理论和逻辑上成立，具体实践值得期待。

2013年诺贝尔经济学奖得主罗伯特·希勒（Robert J. Shiller）指出："非理性繁荣的盛宴注定不可能长久。""事非经过不知难"，"触动利益比触动灵魂还难"，实现中国房地产从局部非理性繁荣走向理性和均衡的可持续繁荣的转变，解决中国经济发展不平衡和不可持续的矛盾，决策者需要的不仅是统筹兼顾，充满智慧的顶层设计，更需要"气吞万里如虎"的勇气，"治大国如烹小鲜"的严谨，"千磨万击还坚劲"的毅力，打破强大的既有利益集团"固化的利益"和"守旧的藩篱"。

"一切为民者，则民向往之"。以"为人民服务"为口号和宗旨的中国政府，不仅有义务也有责任在住房、教育、医疗、养老等基本社会福利民生领域充分发挥政府主导作用，让13亿中国人民拥有"住有所居，学有所教，病有所医，老有所养"的基本权利；经过30多年的持续经济高速增长，中国已成为世界第二大经济体、全球经济增长最大推动力和最大外汇储备国，中国政府不仅有责任也应该有能力让13亿中国人共同享有与时代一起成长的机会，共同享有改革开放的成果，共同享有人生出彩的幸运，共同实现现实中国梦。

三、中国城镇化发展模式探讨

以北京、上海为代表的特大城市，城镇化率已超过80%，城镇化发展进入成熟期，经济服务化趋势日益明显，应充分发挥中心城市的集聚和辐射作用，进一步优化城市空间，提升城市综合功能，扩大国际影响力。建议以新加坡为大城市学习标杆，积极探索保持经济发展和环境改善平衡的可持续发展模式；以城铁、地铁等公共轨道交通为主导，人口以从市中心向郊区疏导为主；市中心以更新改造和品质提升为主，大力发展金融、旅游、购物、办公、总部经济等服务产业，重点发展周边以居住和特色产业集群为主的卫星城镇和中小城市，大城市中心区与卫星城镇错位发展，构成稳定互补关系，珠联璧合，交相辉映。如表5-4所示。

各种规模城市和地区可借鉴对象　表5-4

区域类型	借鉴对象	简介
中小城市	加州尔湾	美国最大、最成功的综合规划项目之一。始于20世纪60年代，已为20万人提供居住住宅，为25万人提供办公空间，成功实现居住和工作平衡的生态型、可持续发展社区
大城市	新加坡	逾500万人口国际大都市，市中心和新市镇共同繁荣，实现保持经济发展和环境改善的平衡
发达地区城市带	德国	注重区域协调和城乡统筹，大中小城市和小城镇均衡发展，保持经济持续增长、环境改善和房价长期稳定的平衡
欠发达地区	后来居上的美国西部	充分利用自然资源和特色优势，辅以国家政策支持，利用后发优势，大力拓展新兴产业，劣势变优势，将欠发达地区转变为新兴地区，并后来居上
国家	美国	仅仅200余年，从殖民地成长为世界第一强国，成功解决区域发展不平衡问题，具有成为中国城镇化国家样本潜力

中国南方和东部沿海地区经济发达，城镇化整体发展水平较高，特大城市和大城市较多，小城镇密集，发展重点是提升优化城镇化发展质量，深化融合形成大都市区和大都市连绵带。建议以德国注重区域协调发展，大中小城市和小城镇均衡发展的大都市圈城市群发展模式为学习榜样，大城市的综合性和全面性与小城镇的专业化和独特性相结合，以特大城市或大城市为依托，重点发展大都市区之间中小城镇和专业化市场城市，在承接大城市人口和产业转移的同时，加速和完善自身功能，形成各具特色和富有竞争力的产业集群，在城市带之间形成与中心城市产业互补的中小城市群和专业化市场城市；以城际轨道交通大规模建设为契机，力争城际轨道交通公交化，优化和融合形成城市带，争取实现城乡一体化。

中部地区与南方和东部接壤，城市分布比较均衡，中小城镇数量多，人口资源丰富，具备承接沿海产业得天独厚的优势，城镇化提升主要是解决农村剩余劳动力转移问题。中部城镇化发展一方面大城市加速集聚，进一步扩大规模效应；另一方面有条件形成城市带的，结合轨道交通，加速沿轨道交通（尤其是高铁）城市带的融合形成。其中尤其值得研究、可塑性和发展潜力最大的是"中三角"，即以武汉、长沙、南昌、合肥四个中心城市为核心，以武汉城市圈、长株潭城市群、环鄱阳湖城市群、江淮城市群等中部经济发展地区，以浙赣线、长江中下游交通走廊为主轴的长江中游城市群，地理位处中枢，连接南北，承东启西，覆盖区域近44万km²，包括40个市，人口约1.6亿。四大都市圈在各省的经济总量中所占比重均在60%以上，水资源和人力资源丰富，工业体系完备，而且武汉—岳阳—长沙—南昌—九江—武汉之间的铁路、高铁、高速公路和部分长江水道构成横跨四省"环形快速通道"，沿线分布有18个大中型城市和13个县级市，形成狭长环状城市密集条带，如因势利导，充分利用该地区在中国的中枢地理位置和丰富的人力资源，形成合力，"中部开花"，有潜力成为中国经济增长第四极，中国新型城镇化突破口和区域合作共赢的典范。

西部地区绝大多数省份城镇化率不到50%，人口主要集中在大中城市，正处于城镇化集聚加速发展期。城镇化提升主要是解决城镇人口聚集容量问题，通过农村人口向城镇空间聚集，以提高农村人口的生活水平和质量，同时也有利于生态环境的保护。城镇发展主要解决与生态环境保护的矛盾问题，这也是当地自然环境和社会环境叠加的结果。西部地区区域广阔，人口不多，交通不便，经济也不发达，建议借鉴历史上以加州为代表的美国西部发展经验，采取以城镇开发为先导和主体，以大城市优先发展，跳跃性加速完成集聚，带动中小城市及整个地区经济发展。一方面，充分利用土地和人力资源优势，做好产业承接准备；另一方面，充分发掘和利用自然和资源优势，有针对性大力拓展相应的新兴产业，以新兴产业发展促进有条件的欠发达地区向新兴地区的转型，争取后来居上。

单城市中心，如贵州，整体城镇化水平落后，建议结合当地资源和地理特征，争取政策倾斜，大力拓展旅游、养老以及高科技等新兴产业，加速中心城市贵阳的集聚速度，尽快扩大规模效应，发挥更大的集聚效应；城镇化较成熟、有条件形成城市带的，如成渝城市带，充分发挥中心城市的集聚和辐射功能，重点培育和发展中心城市卫星城镇和大都市区内中小城市，大力拓展公共轨道交通，争取轨道交通公交化，中心城市和中小城市互为补充，协调发展，融合完善城市带，成为西部经济增长新引擎。

中国城镇化区域发展模式的探讨见表5-5。

中国城镇化区域发展模式探讨　　　　　　表 5-5

区域类型	借鉴对象/代表地区	建议措施	人口流向
大城市	新加坡	利用城铁、地铁等公共轨道交通为主导向外疏导人口，市区以品质提升和更新改造为主，卫星城镇和周边中小城市承担居住和传统产业功能	分散
沿海发达地区城市带	德国	充分发挥大城市的集聚和辐射功能，大中小城市错位发展，协调促进。重点发展大城市周边和大都市区/城市带之间中小城镇，形成特色产业集群，争取城际轨道交通公交化，融合提升城市带，实现城乡一体化	融合
中西部		利用城镇化加速期，加快集聚速度，尽快形成规模效应。一方面做好沿海产业承接准备工作，另一方面结合当地特色和资源优势，积极探索和扶持针对性新兴和特色支柱产业	集聚
中西部——单城市中心	贵阳	城镇化落后地区，加速中心城市的集聚功能，尽快提升规模效应，同时积极打造高科技和旅游、养老、医疗护理、生物医疗、民族文化等新兴产业	单核集聚

中国城镇化——历史借鉴、国际融合与本土实践

区域类型	借鉴对象／代表地区	建议措施	人口流向
中西部——区域中心	长株潭一体化	城镇化潜力地区，加速集聚形成区域中心，打造新型制造业基地。因势利导，积极探索武汉、长沙、南昌、合肥四大都市圈所构成的"中三角"——长江中游城市群，争取"中心开花"，打造中国经济增长第四极	区域集聚
中西部——城市带	成都—重庆城市带	城镇化较成熟地区，依托特大城市，充分发挥中心城市的集聚和辐射功能，构建西部城市带，打造旅游、养老、医疗护理、生物科技、高科技等新兴产业、成为西部经济增长引擎	城市带集聚

四、利用地区自然和特色优势，因势利导，以产业均衡发展促进地区和城乡均衡发展

国际著名经济学权威，哈佛大学迈克尔·波特教授曾指出，一个国家、民族和地区的竞争力往往不是决定于国家的整体框架，而是决定于那些微不足道的"马赛克"——产业集群。国际上有许多城市规模不大，但却因其独特的产业和企业集群作为自身的核心竞争力而享誉全球，如瑞士钟表之都洛桑，意大利服装之都米兰，法国香水圣地格拉斯，德国机械城海德堡，英国教育名城牛津和剑桥，美国高科技象征"硅谷"等。

鲁迅先生曾经说过："有个性的，才是美的；是民族的，才是世界的。"国内也有许多规模不大但影响深远的特色名城，如云南丽江的旅游业，海南博鳌的会展业，广东顺德的家电业，浙江义乌小商品市场，福建晋江的制鞋业，贵州茅台的白酒业，新疆吐鲁番的葡萄业等。由

此可见，城市发展和影响力起决定作用的不是规模大小，也不局限于产业类型，关键是要形成有特色和有竞争力的产业集群，要有核心竞争力。

"产业化、城镇化、农业现代化"，各个地区根据自身要素禀赋和比较优势，针对各自经济发展水平和城镇化所处阶段，找准自身历史定位，扬长避短，形成各有优势和各具特色的产业发展模式，培育富有竞争力的特色产业集群，大城市的综合性及全面性和小城镇的专业性及独特性相结合，避免盲目上马和同质化竞争。借鉴新加坡"不仅专业，而且富有远见"的国家和城市规划理念，德国追求区域平衡发展和共同富裕的使命，德国和美国以产业均衡发展促进全国区域经济和人口均衡分布，政府做好顶层设计和总体规划，以国防、教育、医疗、养老等国家资源的全国范围内均衡合理分布和欠发达特色优势地区优先投入相结合为原则，结合基础设施建设和环境改善，高铁、城铁、地铁等轨道交通，加大对制造业等产业研发升级和结构调整，对战略性新兴产业等实行结构性税收优惠引导，选择性、分区域、分阶段户籍制度改革等，引导人口和产业有序合理迁移。城市层面，从大城市中心区向周边新城镇迁移；区域层面，在经济发达地区人口从大城市向周边中小城镇迁移，形成大中小城市和小城镇均衡发展的城市群，欠发达地区采取大城市优先发展战略，加速人口集聚和区域中心的形成；国家层面，从东部沿海发达地区向中西部欠发达地区有序迁移，实现全国范围内区域经济和人口分布的均衡发展。以产业迁移带动人口迁移，以有条件的欠发达地区向特色新兴地区转型，以新兴产业促进新兴地区的跨越式发展，以产业的均衡发展和分布促进全国区域经济均衡发展和人口均衡分布，是中国新型城镇化值得认真思考的探索方向。

以北京、上海为代表的一线城市，人才丰富，基础设施齐全，建议充分发挥中心城市的领导和辐射作用，加大产品研发和产业升级，大力发展金融、地产、科技研发、总部经济、高新技术产业、文化创意等服务性行业，积极培育区域研发中心和企业总部，做好与国际发达国家的对接，进一步提升国际影响力；沿海发达地区城市带的中小城市结合自身区位和产业优势，与大城市错位发展，珠联璧合，同时大力拓展以专业化经济为主导的中小城市，如广东顺德的家电业，浙江义乌的小商品市场，福建晋江的鞋业市场等，借鉴德国中小城市为产业发展重点和美国硅谷的产业集聚模式，进一步延伸拓展产业链，做强做大，形成区域和产业集群竞争优势，与大城市共同构成推动中国经济发展的重要引擎；而中西部欠发达地区，一方面利用土地和人力资源优势，尤其是中部地区地理位置得天独厚，人力资源丰富，积极做好沿海发达地区的产业承接；另一方面，在有特色资源和地理优势的地区，因地制宜，因时制宜，大力拓展新兴产业，利用特色自然资源和后发优势，争取后来居上。其中，以云南、贵州为代表的西南地区，气候宜人，风景秀丽，旅游资源丰富，且位处通向21世纪环印度洋经济圈桥头堡，与当年的美国加州具有可比性，非常适宜旅游和养老，如能抓住中国老龄化浪潮，大力拓展旅游和养老产业，并延伸拓展医疗护理、生物科技等新兴产业，旅游养老和高科技双管齐下，有潜力成为"美丽中国"领跑者，乃至中国未来的"加利福尼亚"；而以新疆、甘肃为代表的西北地区地域宽广，人烟稀少，沙漠多，自然生态条件不佳，与美国西部菲尼克斯和南部休斯敦等相似，是国防、军工、航空航天等的天然场所；陕西西安，历史文化悠久，位居中国四大古都之首，教育资源和医疗实施位于全国前列，也是亚洲知识技术创新中心和中国大飞机的制造基地，在旅游、航空航天、国防、高科技等领域具有很大潜力……

中国城镇化产业模式的探讨见表5-6。

区域		借鉴标杆	特点	特色产业
大城市		新加坡	经济发达，人才丰富，基础设施配套齐全，房价高，交通拥堵，企业成本高	金融、地产、服务业研发中心、企业总部
沿海发达地区城市带		德国	靠近大城市，基础实施配套较好，有一定工业基础，拥有大批科研人员和技术熟练工人，有产业升级潜力	高新科技产业、现代物流业、先进制造业、新兴产业
中西部		大城市和沿海发达地区等制造业基地	廉价劳动力，土地便宜，资源丰富	基础制造业其他当地优势特色产业
其中	西北	美国菲尼克斯，休斯敦	地域广阔，人烟稀少，气候干燥，沙漠多，适宜科研，保密	国防军工、航空航天、高科技、矿产资源
	西南	加利福尼亚，佛罗里达	气候宜人，风景秀丽，多元民族文化，旅游资源丰富	旅游、养老、医疗护理、民族文化、生物制药及高科技

著名思想家墨子曾指出：食必常饱，然后求美；衣必长暖，然后求丽；居必常安，然后求乐。随着中国经济的持续增长，国民收入的日益提高，基础设施逐步完善，中国巨大的人口规模，悠久的历史文化和丰富的旅游资源，使旅游业有潜力成为中国新的经济增长点和战略性支柱产业。

首先，旅游业是一个综合性强，关联度大，产业链长的综合性产业，包括吃、住、行、游、购、娱六大要素。据世界旅游组织（WTO）统计，旅游产业每收入1元，可带动相关产业增加4.3元，旅游产业能够影响、带动和促进与之相关联的110个行业发展，是拉动城市和区域经济发展的有力手段。据法国旅游业协会主席菲利普·邦贝尔热分析："43%的旅馆、咖啡店和饭店的收益，同旅游直接有关；航空运输收益的42%，铁路运输收益的23%，汽车运输收益的12%，农业的8%，建筑业的6%，同旅游业有关。"其次，旅游产业是新兴产业，不仅规模大，而且发展迅速，前景广阔。现代旅游业产生于19世纪，第二次世界大战以后才成为一个新兴产业，但发展迅速。世界旅游组织提供的资料表明，自20世纪90年代开始，国际旅游收入在世界出口收入中所占比重达到8.25%，超过石油和汽车等传统产业，成为世界第一大产业，并且发展势头强劲；第三，旅游业是劳动密集型产业，就业成本低，方式灵活，对不同类型的劳动力都有较大的需求。例如，西班牙、意大利、希腊的旅游从业人员分别占全国就业总量的9.5%、8%和10%，法国新增就业机会的20%来自旅游产业；同时，旅游业覆盖面广，有梯度和独特性。繁华大都市和偏远小山村兼顾，可以是名山大川，也可以是乡村小镇；可以是历史文化古迹，也可以是人造主题公园；可以是高端体验，也可以是休闲漫步。如美国纽约拥有数不尽的博物馆、旅游胜地、餐厅、酒店、剧院、娱乐场所和商场，使其成为全球旅游者的向往之都，瑞士达沃斯因世界经济论坛吸引游客纷至沓来，而云南丽江却以独特的民族风情和悠闲生活享誉全球等；最后，旅游产业投资少、见效快、可持续，有潜力成为永久的扶贫开发项目。东南亚的泰国和新加坡，仅仅经过不到20年的精心经营，就发展成为亚洲旅游强国和世界著名旅游胜地；我国许多位于偏远少数民族地区的旅游景点，如四川九寨沟、湖南张家界、贵州龙宫等，也是在较短的时间内经过初步开发和宣传便成为热点的，并逐步得到发展完善的。而且旅游景点可大可小，生态环保，可持续，有潜力成为永续的扶贫开发项目和朝阳产业。同时，随着国际旅游区域重心的东移，亚太地区逐渐成为国际旅游的热点区域，具有丰富旅游资源和悠久文化历史的中国将迎来千载难逢的发展良机。

国防、高科技、旅游养老是促成美国加利福尼亚州利用政府支持和自然优势，因势利导，从欠发达地区转变为新兴地区，并最终后来居上的三大推动力，这些推动力在今日中国经济和城镇化发展过程中有可能同样适用。随着中国由经济大国向经济强国的转变，国防的重要性日益加强，以国防工业为先导，并由此带动的航空航天、太空探索、电子等高科技产业有可能成为西北地区经济发展的强大推动力，成为带动中国区域经济发展和人口迁徙的重要推动力；而随着中国老龄化的即将来临，如配以完善的医疗保障，旅游和养老以及由此产生的医疗护理、生物科研等相关产业也有可能成为西南地区的新兴支柱产业，有潜力成为"美丽中国"新名片和区域经济新的增长点；而以武汉、长沙、南昌、合肥四个中心城市为核心的长江中游城市群——"中三角"，位处中国地理中枢，交通便利，资源丰富，连接南北，承东启西，有潜力成为中国经济发展第四极，成为中国区域经济合作共赢和新型城镇化的点睛之笔。

和青年人要在大城市和经济发达地区学习打拼，寻求发展机会不同，老年人更看重的是落叶归根和气候宜人、医疗保健配套设施完善的休闲小镇。政府如能因势利导，因地制宜，大力加强建设完善的医疗保健配套设施，老龄化时代的来临将可能带来另一次全国范围内的人口大迁徙，并伴随着全国范围内的财富大转移，从繁华大城市中心区向气候宜人、风景秀丽的中小城镇，由沿海发达地区向全国来源地分散，促进中国整体人口均衡分布和经济平衡发展，核心是建设完善的养老机制和医疗配套设施。事实上，在发达国家，老年人退休后将原有大城市住宅出售，利用所获得的巨大收益，在一个风景优美、生活成本较低的小城镇购买一个较小的房子养老，是非常普遍也是符合经济学原理的。

美国佛罗里达州就是利用自身气候和自然景观优势，抓住人口老龄化时代来临所带来的新需求，乘势崛起的成功案例。美国人口老龄化是"二次世界大战"以后美国西部和南部"阳光带"城市蓬勃发展的一个重要原因。从20世纪60~70年代，美国年逾65岁的人口数量从1600万增长到2500万，这些退休人员离职后，多半迁往气候宜人、风光秀丽的

"阳光带"城市安度晚年，这是医疗保健、社会保险及退休金增加等一系列因素作用的结果。他们终生的积累相当可观，而且不乏巨富者。结果就造成了这样一种局面：他们在"冰雪带"劳作大半生所得的钱财随着他们到"阳光带"，或作为投资，或用于纯消费，转瞬之间成为了那里的财源之一，这是一次空前的人口和财富大转移。美国东南部，尤其是佛罗里达成为南迁者最理想的目的地，在全国65岁以上居民比例较高的10个大城市，佛罗里达就拥有8个。加利福尼亚南部大部分濒海城市也是众多老年人的首选，养老成为继国防、高科技之后推动加州经济奇迹的三大引擎之一。

"产业化、城镇化、农业现代化"，各地根据自身特色禀赋和比较优势，找准自身历史定位，大城市充分发挥综合性和全面性，小城镇加强专业化和独特性，大中小城市和小城镇协调发展，因地制宜，因时制宜，形成优势互补、各具特色的产业发展模式，是德国城镇化均衡发展观的核心思想和具体体现，并最终形成德国均衡、稳定、相对便宜的房地产市场；"先集聚，后分散，再融合"，"先东北部，再中西部，最后西部和南部"，是美国200余年城市和区域发展历程的真实写照，以产业发展带动城市和区域发展，以产业迁移带动人口迁移，以产业的均衡分布促进人口的均衡分布，欠发达地区利用后发优势以新兴产业促进区域经济的跨越式发展，最终实现全国区域经济和人口分布的均衡发展，是历史上的美国解决区域发展不平衡的成功经验，也为今日中国新型城镇化提供了理论基础和可供借鉴的实践案例。

五、扬长避短，因地制宜，因势利导，积极有为

自然资源和地缘优势固然重要，但区位优势不等于开放模式优势。一个地区和城市发展成功与否，政府的战略眼光和城市居民的进取精神

和自身努力更重要。事实上，任何地区都有自己的优势和劣势：大城市基础配套齐全，人才丰富，但同时也成本高昂，交通拥堵；中小城市基础设施有待改善，但土地和人力资源丰富，部分地区风景优美，空气清新；沙漠戈壁地处偏远，资源匮乏，环境恶劣，但却是国防军工的天然场所。因此，关键是如何扬长避短，发挥自己的优势，同时创造性思维，化劣势为优势，找准自身的历史定位和适合自己的发展模式。

以美国洛杉矶为例，当初在与圣迭戈争夺南加州中心城市的地位时，其自然条件不如圣迭戈。圣迭戈距守一天然港湾，自然条件优越，而洛杉矶远离海岸线，无出海口。但洛杉矶于1869年自行组建一铁路公司，铺设21英里长的铁路到濒海口，改变了自身劣势；当太平洋铁路自旧金山向南铺设时，洛杉矶立即资助该铁路，并提供许多特许权；1876年，南太平洋铁路修到洛杉矶，1881年该铁路与得克萨斯——太平洋铁路接轨后，洛杉矶便与旧金山和新奥尔良连成一线，左右逢源；为防止南太平洋铁路公司独揽地区交通，洛杉矶又积极赞助圣菲铁路，得以成为圣菲铁路在太平洋沿岸的终点站；1887年，圣菲铁路抵达洛杉矶，促成洛杉矶的空前繁荣，一举成为南加州的地区性中心城市。

正是洛杉矶政府的长远眼光和洛杉矶人秉承的积极进取精神，成为众多知名企业和人才向往之地。20世纪20年代，电影业和航空工业聚集在洛杉矶，促进了该市的进一步发展；"第二次世界大战"后，国防和现代工业的崛起，商业、金融业和旅游业繁荣，移民激增，城区不断向四周扩展，洛杉矶成为特大城市。经过一百余年的发展，今日洛杉矶已成为美国第二大城市，是美国石油、化工、海洋、航天工业和电子业的最大基地；美国主要科技中心之一，拥有科学家和工程技术人员的数量位居全球第一，享有"科技之城"的美誉；以好莱坞为代表的电影、电视、音乐等大众娱乐享誉世界，被誉为"天使之城"，成为拥有重大影响力的国际化大都市。

菲尼克斯，又名凤凰城，被称为"沙漠中的城市绿洲"，位处沙漠地带，气候燥热，水源缺乏，而且孤立独处，远离美国政治和经济中心。"第二次世界大战"以后，由西部一个默默无闻的商品集散地发展成为美国十大城市，发展势头依然良好，凤凰城的发展历程展示了一个位于欠发达地区且资源匮乏的城市如何扬长避短，因地制宜，通过自身努力，积极有为的成功案例。

菲尼克斯乃至整个亚利桑那州，多为沙漠覆盖，终年烈日，条件较差，但对于国防工业来说，这在很大程度上，反倒成为有利因素。借助于国防工业，菲尼克斯扬长避短，因地制宜，形成具有独特优势的以高科技为特征的工业体系。"第二次世界大战"期间，菲尼克斯就是联邦政府国防投资的主要场所之一；战后，一部分军事和国防设施转为民用，加上联邦政府后来的投资和军事需求，菲尼克斯在原子能、电子、精密仪器仪表等高科技领域制造业发展迅速，在某些领域后来居上，成为整个经济部门的主导力量，并成功吸引东北部和中西部的投资；自20世纪60年代开始，包括美国通用电器、摩托罗拉、古德伊尔飞机制造公司、凯泽飞机制造暨电器公司等东北部和中西部的著名企业相续直接迁入这里或在此设立分支机构。到1980年，菲尼克斯在全国高科技产业城市中，位列第三，仅次于有硅谷和"128号公路"这两大高科技区为依托的旧金山和波士顿。

菲尼克斯的成功还和市政府有远见的发展战略和富有进取精神的市民息息相关。在城市发展的战略取向上，实行"精明增长"。市政府认真研究吸取了美国东部和西部城市发展的经验教训，较及时地采纳了适度扩展市区、限制郊区盲目蔓延的发展战略，将市区外围的人口集中程度较高的郊区兼并为市区，打造"大菲尼克斯"。该计划不仅有效地控制了郊区漫无边际的发展趋向，而且巩固并不断强化了它在大都市区中的地位，并由此获得由全国市政同盟颁发的1960年度"全美城市奖"，并于1980年再度获此殊荣。

20世纪50年代，菲尼克斯就充满了盛行美国西部开发时期的那种"边疆精神"，移居此地的人，多半雄心勃勃，富于进取。这些人奔走于联邦政府、州府等地，寻求各种途径的支持，吸引投资和引进人才等，被称之为"城市倡导人"。作为一个新兴城市，菲尼克斯的环境有利于他们施展才干，也正是由于他们的不懈努力，抓住机遇，吸引了像斯佩里——兰德公司这样的著名企业入住，并引发跟随效应；同样是这种进取精神，使菲尼克斯超过了原有基础和自身条件都比其优越的埃尔帕索，后来居上，成为西南部首屈一指的城市，之后又以同样的竞争精神，跻身美国十大城市之列，犹如一只展翅的凤凰，在众多美国城市中独领风骚。

美国规划大师沙里宁曾说："城市是一本打开的书，从这本书中可以看到这座城市市民的抱负，市长的抱负。"洛杉矶和菲尼克斯的发展经历和成功表明，自然资源优势固然重要，但城市本身的努力和进取精神更为重要。事实上，任何地区都有优劣，关键在于如何扬长避短，因地制宜，找到适宜自身的发展方向。美国洛杉矶、菲尼克斯都是在自然条件不如竞争对手的情况下，充分发挥主观能力性，因地制宜，积极进取，最终战胜对手，成为美国十大城市并依然保持强劲增长势头的。中国目前中西部情况与当年的美国西部有相似之处，均处于欠发达状况，以云南、贵州为代表的西南地区气候宜人，风景秀丽，与洛杉矶所处的加州有相似之处，而新疆、甘肃为代表的西北地区地广人稀，沙漠众多，自然条件较差，与菲尼克斯所处的亚利桑那州异曲同工。洛杉矶和菲尼克斯根据自身特点，因地制宜，转换思路，劣势变优势，将欠发达地区转变为新兴地区，积极进取获得成功的经验为中国处于欠发达状况的广大中西部地区提供了宝贵的借鉴意义和成功案例。

六、尊重经济规律，扬弃发展；坚持独立思考，实事求是

西方发达国家经历的发展历程，是当时历史背景下该国特定条件下的历史选择，既有成功经验，也有失败教训。以美国为例，城市发展早期以纽约、芝加哥为代表的单核城市集中发展为特征的传统城市化，城市化与工业化同步，在促进城市快速发展的同时造成了城乡差距大的矛盾；1920年后，以洛杉矶为代表的城市郊区化多中心发展模式解决了大城市中心区人口密集、交通拥挤、住房紧张等问题，但过度的郊区化却造成了城市中心区不同程度的衰落，在某种程度上形成了新的"乡城差距大"，即郊区繁荣兴旺，而市中心成为穷人聚居区。

新加坡是对第一代集聚型单核城市和第二代扩展型多中心城市的融合和提升。以城铁、地铁等公共轨道交通为主导，市中心和新城镇通过功能分区，错位发展，利用土地级差效应，既解决了中心区过度集聚、交通拥堵、住房紧张、环境恶化等大城市病，又避免了因人口外迁而造成的中心区衰落的问题，是对洛杉矶为代表的美国城市过度郊区化和多中心模式的完善和提升。新加坡实现了城市中心区和新城镇的共同繁荣，缩小并利用了城乡差距，并且环境得到改善，实现了保持经济发展和环境改善的平衡，是当代大城市可持续性发展的典范。

德国在某种程度上则是新加坡的扩大升级版和美国的改进版，成为世界上城镇化质量最高的国家之一。德国注重区域协调，大中小城市和小城镇均衡发展，中小城市成为城市主体和产业发展重点，房价和租金相对便宜并长期保持稳定，经济发展引领西方发达国家，但却很少有交通拥堵、环境污染、房价高昂等"城市病"的困扰，实现了高人口密度下经济发展、环境改善和房价稳定的平衡，形成城乡统筹，合理分布，均衡发展的独特德国城镇化模式，堪称区域城镇化发展的典范。

坚持实事求是，西方发达国家有许多成功的经验，值得中国学习是

事实，但其发展过程也有很多教训需要规避，发展模式有局限性，也是事实；西方发达国家比中国先进是事实，但过去30年来中国经济发展表现优于西方发达国家也是事实；西方发达国家比中国成熟，像老年人一样富有经验是事实，中国更有潜力和活力，像青年人一样生机勃勃也是事实；历史上的美国城市发展历程有潜力成为中国城镇化的国家样本，有许多成功的经验可以学习是事实，但有不足值得改进完善也是事实；美国是当今世界上最发达和经济总量最大的国家是事实，中国是世界上经济增长最快和最有潜力的国家也是事实。

尊重经济规律，因势利导，摸着石头过河，尽可能借鉴融合世界和本国已取得成功的先进经验，坚持实事求是，要敢于坚持、发展和完善一些在实践中业已得到验证的经验，反对为创新而创新。例如，在城市发展早期（城镇化率低于50%），以集聚为特征的大城市主导型城市化居于主流地位，美国城市发展历程和中国城市发展历程均如此；中国在20世纪80年代和90年代曾采取"控制大城市规模，积极发展中小城市"的方针，但效果不尽人意，就是因为违反了城市发展的经济规律；中国既有投资能力，也有投资需求，投资驱动，尤其是大规模基础建设投资，启动和拉动欠发达地区经济发展，其有效性不仅过去30余年在中国沿海地区得到证明，同样也是历史上的美国启动当时欠发达的西部和南部地区经济发展并后来居上的重要原因，对于目前中国欠发达的中西部地区仍将是有效手段，投资拉动模式需要优化，扬弃发展，不能盲目全盘否定；在城市发展中期和成熟期，城市发展将分别为大城市郊区和周边中小城镇以及大都市区内的中小城市，这在美国和其他发达国家城市发展历程中已得到验证，也是符合经济规律和客观常识的，中国今后有可能也将经历相似的过程。

坚持独立思考，对于西方发达国家和投资机构的评论和观点，保持冷静思考，谨慎对待，结合中国国情和常识判断，切勿盲目崇拜，照搬照抄。一方面由于中国幅员辽阔，人口众多，与一般的中小发达国家不能简单机械对比；中国仍处于高速发展阶段，犹如正在快速成长的青年人，而西方发达国家已处于成熟期，犹如成长乏力的老年人，正如不能将老年人的标准简单用于判断年轻人的身体状况一样，也不能简单地将今日中国和今日西方发达国家标准直接对比，找到其历史上相似发展阶段分析对比更客观；中国和西方国家在经济和政治体制上有很大不同，也不能简单地根据西方国家过往经验判断。尤其值得提醒的是，一定要保持警惕，坚持独立思考，提防某些投机者和投资机构出于自身巨大经济利益而精心策划的"表面唱空，实际抄底"的计划，如选择性忽略某些假设条件将中国与发达国家目前标准机械对比，由此得出"泡沫论"和与国际标准不符的结论，当年中国银行业改革过程中所经历的沉痛教训值得我们深思和警惕。

坚持实事求是，以历史、现实和发展的眼光，对西方发达国家的发展历程和经验教训，取其精华，去其糟粕，结合中国国情和各地具体情况，因地制宜，因时制宜，扬弃发展，切勿盲目崇拜，照搬照抄；坚持独立思考，既不盲目崇拜，也不闭关自守，扬长避短，相互学习，互相补充，合作共赢才是保持经济和社会发展的基石。非理性繁荣的盛宴注定无法长久，理性和可持续将成为中国未来走向繁荣的战略选择。

"和世界共发展，与世界同分享"！历史的长河静观时往往风平浪静，只有蓦然回首，才能体会到它的波澜壮阔。过去30余年来中国国家建设和经济发展的巨大成就，有力证明了"中国模式"在新的历史时期的强大生命力，并依然生机勃勃，发展势头强劲，"道路自信，理论自信，模式自信，实践自信"，中国有理由、有业绩、也有实力自信！

结束语

一个城区可以后来居上，如深圳福田区超越罗湖区；

一个城市可以后来居上，如洛杉矶、新加坡、深圳；

一个区域可以后来居上，如德国和以加州为代表的美国西部；

一个国家可以后来居上，如德国城镇化和美国200余年国家发展史；

今日中国，对世界经济增长贡献额全球第一，增长势头依然强劲；

今日中国，人均GDP全球第76，国民尚不富裕，仍处于发展中国家行列；

今日中国，人口规模世界第一，总量超过美国、欧盟、日本、俄罗斯、加拿大等国总和；

今日中国，区域发展不平衡，城乡差距大，是经济发展过程中自然现象，是挑战，更是机遇；

今日中国，市场经济体制已经初步建立，经济持续高速增长依然可期；

今日中国，与"二战"后的德国面临同样的历史使命，追求区域平衡发展和共同富裕；

今日中国，城镇化率2011年刚刚超过50%，"路漫漫其修远兮"，任重道远；

今日中国，融合探索"又好又大"可持续中国新型城镇化，"吾将上下而求索"，憧憬无限；

今日中国，站在历史新起点，"雄关漫道真如铁，而今迈步从头越"，春天的旋律再次奏起！

......

俄国著名哲学家尼古拉·加夫里诺维奇·车尔尼雪夫斯基（Николай Гаврилович Чернышевский）曾说过："历史的道路不是涅瓦大街上的人行道，它完全是在田野中前进的，有时穿过尘埃，有时穿过泥泞，有时横渡沼泽，有时行经丛林。"中国新型城镇化，惟其艰难，才更显勇毅；惟其笃行，才弥足珍贵。也许巧合，也许历史必然！大国影响力、低起点、大市场、大纵深、高潜力、长期性、使命感史无前例地历史性集于一身。今日中国；犹如一个不仅身强力壮，机智灵活，而且聪明睿智，生机勃勃的青年人；今日中国，又俨如早上九十点钟的太阳，正冉冉升起。承前启后，今日中国正处于前所未有的历史发展机遇期；继往开来，今日中国也肩负沉重的历史责任感！

中国需要更多地了解世界，世界也需要更好地了解中国；中国的发展离不开世界，世界的繁荣也需要中国！正如美国前财政部长罗伯特·鲁宾（Robert Rubin）在"共同繁荣之路"中指出："美国对中国的未来构成的最大威胁就是美国的经济失败，而中国对美国构成的最大经济威胁将是中国的失败。反过来，两国都会从彼此的成功中获益。"让我们以2000年诺贝尔经济学奖得主丹尼尔·麦克法登（Daniel McFadden）教授对"如何看待中美经济之间的竞争"的精彩睿智回答作为结尾："我个人认为这完全不是竞争。两国经济共同发展，两国间的收入分配更加均衡，共创双赢，我个人觉得这才是关键。中国在国际上显现其作用，比如帮助非洲等后进国家在贸易领域发展，中美的发展水平将共上新台阶。"

参考文献

［1］ 国务院发展研究中心课题组. 中国城镇化：前景、战略与政策. 北京：中国发展出版社，2010.

［2］ 住房和城乡建设部课题组. 十二五中国城镇化发展战略研究报告. 北京：中国建筑工业出版社，2011.

［3］ 仇保兴. 中国城镇化：机遇与挑战. 北京：中国建筑工业出版社，2004.

［4］ 简新华，何志扬，黄锟. 中国城镇化与特色城镇化道路. 山东：山东人民出版社，2010.

［5］ 王梦奎，冯并，谢伏瞻. 中国特色城镇化道路. 北京：中国发展出版社，2004.

［6］ 牛文元. 中国城市化与区域可持续发展研究. 北京：新华出版社，2005.

［7］ 李从军. 中国新城镇化战略. 北京：新华出版社，2013.

［8］ 国务院研究室课题组. 中国农民工调研报告. 北京：中国言实出版社，2006.

［9］ 林毅夫. 解读中国经济. 北京：北京大学出版社，2012.

［10］ 陈瑶. 土地财政与中国房地产税. 江苏：南京大学出版社，2013.

［11］ 罗应光.《云南特色新型城镇化之路》. 云南：云南人民出版社，2014.

［12］ 武友德，王源昌，陈长瑶，李灿松. 国家战略与中国特色城镇化—来自云南的实践. 北京：科学出版社，2011.

［13］ 林竹. 城市运营—面向未来的城市供给侧变革. 北京：中信出版社，2016.

［14］ 朱天. 中国增长之谜. 北京：中信出版社2016.

［15］ Arthur O'Sullivan. Urban Economics（Third Edition），New York：McGraw-Hill/Irwin，1990.

［16］ Adrienne Schmitz. Residential Development Handbook（Third Edition）.

Washington，DC：Urban Land Institute，2004.

［17］ Mike E. Miles，Gayle Berens，Marc A. Weiss. Real Estate Development：Principles and Progress．Washington，DC：Urban Land Institute，2000.

［18］ Bernard Zyscovich. Getting Real About Urbanism．Washington. DC Urban Land Institute，2008.

［19］ 王旭．美国城市发展模式：从城市化到大都市区．北京：清华大学出版社，2006.

［20］ 王旭．美国城市史．北京：中国社会科学出版社，2000.

［21］ 高毅存．城市规划与城市化．北京：机械出版社，2004.

［22］ ［美］Robert M. Hardaway，陆小斌译．美国房地产泡沫史（1940—2007）．福建福州：海峡出版发行集团，2014.

［23］ 城市土地利用学会编著，杨旭华，汤宏铭译．世界优秀社区规划．北京：知识产权出版社，中国水利水电出版社，2003.

［24］ 陈劲松．新城模式—国际大都市发展实证案例．北京：机械工业出版社，2006.

［25］ 陆建义．向新加坡学习：小国家的大智慧．北京：新华出版社，2009.

［26］ 李光耀口述，［美］Graham Allison, Robert D. Blackwill, Ali Wyne编．李光耀论中国与世界．北京：中信出版社，2013.

［27］ 吕元礼．鱼尾狮智慧：新加坡政治与治理．北京：经济管理出版社，2010.

［28］ 吕元礼，陈家喜，张万坤等．新加坡研究（2013卷）．北京：社会科学文献出版社，2014.

［29］ 吴元华．新加坡良治之道．北京：中国社会科学出版社，2014.

［30］ 唐燕．德国大都市地区的区域治理与协作．北京：中国建筑工业出版社，2011.

［31］ 陈洪波，蔡喜洋．全球房地产启示录之稳定的德国．北京：经济管理出版社，2015.

［32］ 刘会远，李蕾蕾．德国工业旅游与工业遗产保护．北京：商务印书馆，2007.

［33］ 冯春萍．德国鲁尔矿区区域整治及其经济持续发展．矿业城市与可持续发展．北京：石油出版社，1998.

［34］ 王志强．析德国可持续发展．河北：河北科学技术出版社，2014.

［35］ 徐徐．小镇德国．北京：红旗出版社，2013.

［36］ 罗高波．美国住宅郊区化对中国城市空间发展的启示．北京房地产，2004（07）.

［37］ 罗高波．关于设立"奥运新区"的设想——"城市中心北移说"的理论和实践//陈剑主编．2004北京奥运经济报告．北京：北京出版社，2005.

［38］罗高波. 2004国际地产基金投资倾向及中国房地产发展"拐点". 中国房地产指数系统月报，2004（03）.

［39］罗高波. 房地产证券化在中国实现的条件. 新地产，2004（06–07）.

［40］罗高波. 2008年奥运会对北京房地产市场的影响. 证券日报，2004年8月26日.

［41］（美）Population Reference Bureau. Reports on America. July 2011.

［42］Jing Wu, Joseph Gyourko, Yongheng Deng. Evaluation the Risk of Chinese Housing Market: What We Know and What We need to Know. China Economic Review, 2016 Vol 39.

［43］毛大庆. 新加坡城市规划概览. 环境保护，2006（06）.

［44］艾伯亭，邹哲. 新加坡城市规划体系及其经验借鉴，2008（04）.

［45］冯邦彦. 香港与新加坡产业结构及经济政策的比较研究. 学术研究，2001（07）.

［46］王伟波，向明，范红忠. 德国的城市化模式. 城市问题，2012（06）.

［47］万博，张兴国. 和谐之城：德国小城镇建设经验与启示. 小城镇建设，2010（11）.

［48］Buschmann Schulft. 德国小城镇是中国城镇化的未来. 观远智库，2016-09-02，http://www.wtoutiao.com/p/3580tKO.html.

［49］邝平正. 德国小城镇发展经验与启示. 20150306，http://www.fanhuazhida.com/xczfz/shiye-1529-1.html.

［50］李蕾蕾. 逆工业化与工业遗产旅游开发：德国鲁尔区的实践过程与开发模式. 世界地理研究，2002（03）.

［51］另一种城镇化，德国工业重镇翻新实录. 第一财经日报，2013.

［52］李品科，孙建平，温阳. 新型城镇化下的房地产市场发展趋势，国泰君安行业专题研究，20130120.

［53］赵燕菁. 关于土地财政最深刻最聪明的解读. 中国金融地产会，20160923 http://blog.sina.com.cn/s/blog_4a78b4ee0102wwup.html.

［54］陶一桃：深圳房地产负面影响很大. 前海观察，20160324 http://sz.house.sina.com.cn/esf/2016-03-24/13146118651523301167719.shtml.

［55］世界经济论坛（World Economic Forum）. 全球竞争力报告2016-2017.www.weforum.org.

［56］中共中央，国务院. 国家新型城镇化规划（2014~2020年），北京：人民出版社，2014.

［57］中华人民共和国国家统计局. 中国统计年鉴. www.stats.gov.cn.

［58］新加坡市区重建局Urban Redevelopment Authority.www.ura.gov.sg.

［59］美国人口统计局U.S.Bureau of the Census.www.census.gov.

［60］美国住房和城市发展部US Department of Housing and Urban Development（HUD），www.hud.gov.

后记

不忘初心，方得始终；艰难困苦，玉汝于成！

初心纯洁、热烈、美好，她是人生起点的希冀和梦想，事业开端的承诺与信念，迷途困挫中的责任与担当，铅华尽染时的恪守与坚持。正是怀着这样一份初心，恰逢中国城镇化发展临界点转折之时，我开始了对中国城镇化的系统研究。历时五年，六易其稿，既是对我以往学习和工作的总结，更是我人生得以升华和提高的凝练。在众多老师、前辈、领导、朋友及家人的帮助和支持下，终于在今天得以面世。感谢，感慨，祝福，更是感恩，感恩中华民族伟大复兴的崛起时代，感恩时代赋予的历史性机遇和挑战。

首先是感谢。感谢我的导师，新加坡国立大学教务长讲席教授、房地产研究院院长兼房地产系主任，美国房地产和城市经济学会第50任主席，原世界经济论坛《达沃斯论坛》全球事务理事会房地产分会主席邓永恒教授，从最初的策划沟通、研究定位提升到今日的序言，正是邓老师深厚的学术造诣和国际视野，奠定了本次学术研究的高度和准度。

感谢香港特别行政区行政长官梁振英先生。犹记得初稿完成之时，有关研究成果与当时国内的主流观点多有不同，我倍感彷徨和困感。2014年除夕，我通过电邮向梁先生发送新春祝福并附上文稿向其咨询意见时，新春伊始即收到回复并转交香港运输及房屋署参阅。"苟利国家生死以，岂因祸福避趋之"，梁先生的专业高效和责任担当令人感动，而这来自马年新春的特别祝福，坚定了我将此研究进行下去的决心。

感谢中国中信集团有限公司。在本书初稿完成之后，使我有机会在短时间内接触众多海外项目，从非洲到南美，从东欧独联体到东南亚，亲身参与缅甸皎漂特别经济区综合开发项目（港口、工业园、住宅区）国际投标、安哥拉罗安达K.K.一期工程后评估等海外重大项目，使相关理论和研究成果在广大发展中国家得到验证和应用。

同时感谢黑石集团（香港）有限公司（The Blackstone Group（HK）Limited）董事总经理张虎跃先生从国际投资者角度的宝贵意见并欣然作序；感谢新加坡盛邦裕廊顾问有限公司（Surbana Jurong）高级首席建筑师梁文和先生及其团队对本书新加坡部分进行审阅，提供部分图片并提出宝贵意见；感谢德国美因茨大学国民经济学硕士、已定居德国工作生活20余年的尤洁女士对本书德国部分进行审阅，提供部分图片并提出宝贵意见；感谢同济大学经济管理学院建筑管理工程88级充满激情、团结奋进的团队，我们同舟共济，共同成长，从毕业论文《昨天、今天、明天——上海房地产业的回顾、思考和展望》全国获奖，到《关于设立"奥运新区"的设想——"城市中心北移说"的理论和实践》入选《2004年北京奥运经济报告》，再到《中国城镇化——历史借鉴、国际融合与本土实践》的出版，我们共同经历和见证了中国房地产和中国城镇化的发展和繁荣；感谢中国建筑工业出版社的领导和编辑团队，对具有学术价值和社会效益书籍的大力支持，体现了国家级专业出版社的责任和担当，谨向尚春明书记、刘江副总编辑、赵晓菲副编审、朱晓瑜编辑等致以深深的谢意！

最后，特别感谢我的父母和家人。从江西井冈山下到上海黄浦江畔，从深圳经济特区到加州海岸洛杉矶，从东方之珠香港到祖国首都北京，无论何时，无论何地，无论何境，你们给予我的永远是无怨无悔的无条件支持，赋予我充分的空间和时间成长，全身心投身于我所热爱的事业。如果可以向西方出版界那样把一本书献给谁的话，那我就将这人生第一本书献给我挚爱的父母和我的祖国。

第二是感慨。犹记得当初满怀激情畅谈构想，邓永恒老师提出一个几乎不可能实现的研究目标时，当时的我几乎无所适从；极度困顿中开启了一场说走就走的旅行，西藏和尼泊尔三个星期的游历，珠峰大本营凝望珠穆朗玛时的顿悟，"和谐最优化"发展原则境由心生；赴新加坡与盛邦裕廊集团（Surbana Jurong）共同工作，亲身体验新加坡城市规划缔造者的专业远见，勾画出"欠发达国家（缅甸）—发展中国家（中国）—发达国家（新加坡）"城镇化发展历程，与时俱进清晰可见；穿行在童话世界般美丽的德意志大地，徜徉于风景优美、生活便利、产业繁荣的小城镇，追随卡尔·马克思诞生、求学和成长的足迹，似乎感受到中国新型城镇化的美好未来；与麦肯锡（McKinsey）共同研究缅甸区域发展战略，蓦然发现房地产属于基础设施，且占整个基础设施总投资比例的2/3以上，房地产赫然成为欠发达地区城镇化加速期经济发展最大动力，揭开广大发展中国家经济发展推动力"皇帝的新衣"；根据经济发展和城镇化进程，选择性、分区域、分阶段渐进式实行房地产增值税，实现中国城镇化可持续发展资金来源、市场化手段缓解贫富差距及彻底解决区域房价非理性上涨，一石三鸟，前景憧憬；化危为机，因城施策，"发展初期土地出让先行，中期土地和房产并行，成熟期房产经营维护"，"土地财政"转化为"房地产民生"，中国房地产可持续发展的世界性难题，难道就此解决，难以置信，但契合中国国情，逻辑清晰，符合常识和经济规律，且与时俱进①……

第三是祝福。新加坡的实践表明，大都市保持经济增长和环境改善的平衡是可以实现的；德国的实践表明，发达地区城市群保持经济增长、环境保护和房价稳定的平衡是可以实现的；美国的实践表明，"集聚、分散、融合"是世界城镇化发展的普遍规律，通过渐进式不平衡发展道路，最终实现全国范围内的均衡发展是可以实现的，而以加州为代表的美国西部的实践表明，欠发达地区利用后发优势，结合自身资源禀赋，大力拓展新兴产业，跨越式发展成为新兴地区并后来居上也是可以实现的。

区域发展不平衡，城乡差距大是挑战，更是机遇。经过30余年改革开放的积累，中国已成为全球第二大经济体和对世界经济增长最大贡献经济体，"先沿海后内陆，先城市后农村，先大都市后小城镇"，中国已经有能力且有必要从局部优先发展战略向全面均衡可持续发展战略转

---

① 国际地产顾问第一太平戴维斯《私人财富·全球之旅》报告显示，2015年全球所有房地产总值达217万亿美元，其中住宅物业占全球房地产总值的75%，总额达162万亿美元。其中，中国住宅价值占全球住宅总价值的24%，总额达39万亿美元。

全球已开发房地产分布

资产*	可投资（万亿）	非可投资（万亿）	全部（万亿）
全部房地产	S81	S136	S217
住宅物业	S54	S108	S162
全球高端商业物业	S19	S10	S29
林业和农业用地	S8	S18	S26
其他投资	—	—	S155
股权	S55		S55
未偿还的证券化债券	S94	—	S94
黄金开采	—		S6
全球主流资产	—	—	S372

注：*价值以万亿美元为单位四舍五入处理。

型升级，全面解决中国区域发展不平衡和城乡差距大的历史性时刻已经来临。中国的实践将表明，充分学习借鉴国际领先的理论和模式，结合自身资源禀赋，利用后发优势，实现跨越式发展后来居上是可以实现的，中国有潜力也有能力在全球树立"又好又大"新型城镇化发展新典范。

最后，让我们将目光转向未来——祖国西南。随着中国和印度的日趋繁荣，东南亚和非洲的逐步崛起，世界经济中心一路西移，环印度洋地区将成为世界经济的下一个热点。世界经济格局的变化，中国西部大开发和印度东进战略的逐步接轨，中国西南将成为新世纪通向环印度洋经济圈的桥头堡。2016年《贵州省政府工作报告》明确提出"千方百计做强大数据、大旅游、大生态'三块长板'，全力以赴补齐脱贫攻坚、基础设施、教育医疗事业'三块短板'"发展战略。随着贵州"国家公园省"、"大数据综合试验区"、"中国天眼"等一批国家政策和重点项目的落地实施，旅游养老、高科技/国防双管齐下，依稀看到"二战"后美国加州经济腾飞跨越式发展的缩影。中国西南地区经济尚不发达，但风景优美，气候宜人，位处通往21世纪印度洋经济圈桥头堡，与当年的美国加州何其相似。以云南、贵州为代表的西南，是否有可能利用后发优势和自然资源，高科技和旅游养老双管齐下，打造中国经济增长第四极，实现跨越式发展后来居上，成为"美丽中国"领跑者及区域发展平衡点睛之笔，成为中国未来的"加利福尼亚"，让我们拭目以待。祝福贵州，祝福云南，祝福中国！

"不忘初心，继续前进"！突破了国别界限和纯理论研究，有关城镇化研究成果的普遍性和适用性得到验证，随着中国城镇化的深入推进和"一带一路"扬帆起航，也期待今后能在更广泛的范围内得到检验和推广应用，真正实现"不仅对现阶段中国城镇化具有现实的借鉴意义和应用价值，更可以为广大发展中国家城镇化的可持续发展模式提供理论体系和实践模式"。

回首昨天，雄关漫道真如铁；

审视今天，人间正道是沧桑；

展望明天，长风破浪会有时！

在中国这片古老而神奇的土地上；

在实现中华民族伟大复兴的征途中；

在中国城镇化这场人类历史上史无前例的伟大实践里：

我有一个梦想，

并将努力实现它！

I have a dream & I will do it!